社会・企業の変革とSDGs

－ マルクスの視点から考える －

小栗 崇資 著

Takashi　Oguri

学習の友社

はじめに

　SDGs（持続可能な開発目標）は、2015 年 9 月に国連総会で全加盟国（193 ヵ国）の賛同を得て決議され、取り組みが開始されました。2030 年までの 15 年間での SDGs の達成を目指していますが、ちょうど半分の 7 年余が経過し、残り 8 年という折り返し地点に私たちは立っています。

　これまで世界の国々で SDGs が推進されてきましたが、取り組みは順調とはいえず大きな障害も生まれています。2019 年末からの新型コロナ（Covid-19）感染のパンデミックと 2022 年初頭からのロシアによるウクライナ侵攻です。いずれも SDGs 推進の大きな妨げとなっていることはいうまでもありません。新型コロナ感染を収束させ、ロシアのウクライナ侵攻をやめさせることが、SDGs の実現にとっても重要な課題となっています。

　こうした障害を克服して、さらに SDGs の取り組みを加速していくことが求められていますが、2030 年における目標達成が困難となることも推測されます。予想ではありますが 30 年以降、ポスト SDGs が模索され、2050 年のカーボンニュートラル実現に連動する形で「持続可能な社会」を目指す取り組みが引き継がれていくことになると考えられます。地球環境と人間社会の危機から脱するためには、問題を放置することはできず、SDGs の取り組みを私たちは続けていかねばなりません。

　本書は、そうした長期の SDGs の取り組みを見据えて、折り返し地点であらためて「SDGs とは何か」「SDGs の目指すものは何か」「SDGs にどのように取り組むべきか」について考えることをねらいとしています。

　日本の SDGs も進み始めています。マスメディアで盛んに SDGs が取り上げられ、企業、自治体等での取り組みも目立ってきています。また 2020 年度から 22 年度にかけて学習指導要領に SDGs が組み込まれ、小中高での SDGs 教育が行われるようになってきています。

　SDGs の取り組み度合を知るために、バロメーターの 1 つである出版点数を調べてましたが、インターネット検索によると SDGs を表紙の題名などで謳っ

た本はここ数年で約600冊に上っています。そこには、一般向けの本や専門書、ビジネス・業界向けの本だけでなく、中高生・児童向けの本や幼児のための読み聞かせ絵本まで含まれています。1つのテーマで、幅広い読者層にこれだけの冊数の本が作られるということは、これまで見たことがありません。それだけSDGsは私たちにとって大きな課題となっているということができます。

しかし、大量の書物が出版されていますが、SDGsを社会科学の視点から検討した本は多くありません。またSDGsは「世界の変革」を目指していますが、それがどのような変革をもたらすものとなるかについて考察した本はあまり見当たりません。中には社会科学の立場からSDGsに懐疑的な意見を述べる本も出ています。

そうした中で本書は、社会科学の視点からSDGsを考え、特にマルクスの理論にもとづき「SDGsはどのような変革をもたらすか」について検討しています。SDGsと「変革」は切っても切れない関係にあります。SDGsが取り組む世界の危機的諸問題は「変革」なしには解決しないからです。そうしたSDGsの「変革」の側面を明らかにすることは重要な課題であり、その解明には理論の力が必要です。本書はそれをマルクスの理論にもとづいて明らかにする試みの1つです。恐らく、そのような視点からのものとしては初めての書物となるのではないでしょうか。

本書は、SDGsの「変革」的な性格について検討しており、特に「社会の変革」や「企業の変革」に焦点を当てて考察しています。SDGsは資本主義改革の性格をもっており、資本主義をどのように転換していくかについても本書では検討しています。そのためにマルクスの理論に新たな光を当てて、マルクスの視点から見るSDGsについての試論を展開しています。

8つの章のうち3つの章でマルクスの理論について説明していますが、読者にとっては難しく感じるかもしれません。井上ひさし氏の言葉にある「むずかしいことをやさしく、やさしいことをふかく、ふかいことをおもしろく」を常々努めていますが、簡単なことではなく、難解なところがある点については読者にお許しいただかねばなりません。

本書の各章では次のような点を述べていますが、読みやすいところや関心のあるところから読んでいただければと思います。

　第1章では、SDGsが「世界の変革」を掲げる「2030アジェンダ」という国連の画期的な宣言の中で提起されたものであり、「世界の変革」「環境・社会・経済の統合」「すべての人間の包摂」「人権の尊重」という4つの特質をもつことの意義を明らかにしています。

　第2章では、EUと日本のSDGsの取り組みを比較し、EUがすべての政策の根底にSDGsを据えて「SDGs社会」「脱炭素社会」の実現に全面的に取り組んでいるのに対し、日本ではSDGsの基本骨格となる貧困克服や格差是正などよりもイノベーションを優先する取り組みとなっており、日本のSDGsがSDGsウォッシュ（もどき）になりかねないことを明らかにしています。

　第3章では、SDGsの特質を理解するには理論の力が必要であり、SDGsという現代的現象を解明するためにマルクスの理論が有効であること、その際、マルクスの社会理論の新たな展開が求められることを論じています。そして、その社会理論において「矛盾論的統一」「疎外」「陶冶」「自己否定」などの概念を掘り下げることによって、自然と人間社会の構造を検討し、その変革の方向性を明らかにしています。

　第4章では、第3章で明らかにしたマルクスの社会理論からSDGsをどのようにとらえることができるかについて検討し、マルクスが提起した要素がSDGsの特質として現れていること、SDGsがマルクスの視点から見て意義ある取り組みであることを考察しています。またマルクスの変革論という視点から見て、SDGsが資本主義の改革と新たな民主主義の形成をもたらす社会変革＝革命につながる性格をもつことを明らかにしています。

　第5章では、社会変革論において要（かなめ）となる企業変革論について述べています。SDGsは企業の協力とともに企業自身の変革を求めており、SDGsの実現には企業の変革が不可欠となっています。マルクスは、株式会社が社会的・公共的な存在へと転換していく可能性について『資本論』において解明しましたが、その点の検討はこれまでの研究では十分ではありませんでした。この章では、企業や証券・金融市場の変革の見通しを明らかにし、SDGsがそうした変革の側面をもつものであることを論じています。

　第6章と第7章では、企業の変革についてどのような規制が行われ、どのような改革が取り組まれつつあるかを明らかにしています。3章から5章は理論

的な検討ですが、6 章、7 章は個別の領域に焦点を当て具体的な動向の分析を行っています。第 6 章では、会社制度の改革、企業における人権尊重、気候変動・環境への取り組みについて、第 7 章では、情報開示と ESG 投資の進展、会計における改革、経営戦略の転換について検討しています。

　終章では、SDGs にどのように取り組むべきかについて、学ぶことの意義、政府・自治体に改革を迫ることの重要性、企業や団体に変革を求めるためのアイデアなどを述べています。いずれの取り組みも、資本主義を改革し民主主義を深化させるものとなり、新たな民主主義革命へとつながっていく可能性をもつものであることを結論として示しています。終章のサブタイトルを「新たな革命のアプローチ」としたのは、こうした SDGs の取り組みが変革的なものとなりうることを提起したいがためです。

　以上のように本書は、私たちが SDGs に取り組むことの意義と方向性を、理論と実際の両面から明らかにしようとしたものです。そうした SDGs の取り組みが、長期にわたる資本主義の転換の一翼を担うものとなることについても明らかにしています。またこれまで筆者が、主として経営・会計に関する研究の中で考えてきた企業や市場のあり方、変革の道筋についても SDGs と関連させる形で展開しています。本書はこれまで発表した論文や本を元に書き下ろしたもので、筆者の研究の 1 つの集約でもあります。

　本書が、SDGs の取り組みを通じて現状を変革したいと思う人たちに示唆を与えるものとなり、社会の変革、企業の変革を進める運動の契機となることを願う次第です。本書が日本における SDGs を SDGs ウォッシュではなく「変革的」な SDGs へと推し進めていく一助となれば幸いです。

　最後に、本書の出版を企画し筆者に執筆の機会を与えていただいた、労働者教育協会や学習の友社の方々に感謝申し上げます。

2023 年 1 月

小栗崇資

目 次

第1章　世界変革を目指す SDGs

1．SDGs とは何か

　SDGs（持続可能な開発目標、Sustainable Development Goals）は、2015 年に国連において MDGs（ミレニアム開発目標、2001 年〜 2015 年）の後継を担うものとして設定された目標です。MDGs との違いは、MDGs が発展途上国のための開発目標として設定されたことに対し、SDGs は発展途上国、先進国を問わず全世界が目指す目標として 193 ヵ国の賛成により全世界が合意した目標であるという点にあります。

　SDGs は、その前身である MDGs が国連専門家や先進国の主導によるものであったことへの反省から、政府だけでなく企業や市民などの多様な意見にもとづき、世界を網羅する 5 つの地域グループの代表によって準備されました。その結果、SDGs は国連の全加盟国の賛同により全世界が合意する画期的な目標として決定されました[1]。SDGs は本書で考察するように様々な点で歴史的な意義をもつ重要な特質を備えています。

　そうした SDGs は近年マスメディアで多く取り上げられ、SDGs の取り組みは政府・自治体・企業などの様々な組織や団体によって行われるようになりました。SDGs のハウツー本が書店の店頭に多く並び、SDGs はブームになっているといってもよいでしょう。SDGs というワードやアイコンを見ない日はないくらいです。日本ではようやく SDGs への取り組みが普及してきたといえるかもしれません。2030 年のゴールを目指す SDGs の取り組みは、これからますます本格的になると考えられます。

　しかし他方で、SDGs そのものへの批判や懐疑を唱える議論も起きています[2]。SDGs について研究面や運動面での検討が十分でないこともあって、

---

1 蟹江憲史『SDGs（持続可能な開発目標）』中公新書、2020 年、51 ページ。
2 斎藤幸平『人新生の「資本論」』（集英社新書、2020 年）は、SDGs は政府や企業による

SDGsのとらえ方については戸惑いや消極的姿勢も生じています。そうした議論を整理し、SDGsについて社会科学的に解明することが重要となっています。SDGsにどういう態度を取りどのように向き合うかは、曖昧にすることのできない課題であるといわなければなりません。そのためにはSDGsについての議論を深めSDGsについての正確な理解を共有することが必要となります。本書では、SDGsとは何かについて考え、どのように取り組むべきかについて検討しますが、その中で社会や企業の変革の方向性を考えてみたいと思います[3]。

２．世界史的意義をもつSDGs

（1）世界変革宣言「2030アジェンダ」

　SDGsは「持続可能な開発目標」とされることから17の目標を思い浮かべますが、SDGsは単に様々な目標を意味するだけにとどまりません。SDGsが提起されたのは「2030アジェンダ」という宣言においてであり、SDGsという目標だけが示されたわけではありません。

　「2030アジェンダ」の正式なタイトルは「我々は世界を変革する：持続可能な開発のための2030アジェンダ」（Transforming Our World: The 2030 Agenda for Sustainable Development）です。単なる変化ではなく構造転換という意味を込めて、「変革」（Transforming）という言葉が使われていることに注目すべきです。すなわち「2030アジェンダ」（以下、アジェンダ）は世界の変革の必要性を提起しており、アジェンダは「世界変革宣言」として理解しなければなりません。アジェンダを貫く最大のコンセプトは「変革」という点にあります[4]。

　アジェンダには世界が目指すべきビジョンが書かれており、世界変革の方向

「アリバイ作り」であり、「大衆のアヘン」であると批判している。また、SDGs推進よりもまず「グローバルな金融・情報資本主義の改革」が求められるという意見や、ブームとなっているSDGsの経営戦略化は企業の社会的責任の免罪につながるという議論も出ている。
3 本書は、SDGsによる「変革」について考察した筆者の次の論文を契機として生まれたものである。小栗崇資「企業・経済の変革とSDGs」『経済』2021年7月号、同「変革目標としてのSDGsと企業の変革」『労働総研クォータリー』2021年夏季号。
4 南博・稲葉雅紀『SDGs―危機の時代の羅針盤』岩波新書、2020年、5ページ。

を示す変革的なビジョンが提起されています。SDGs はそのアジェンダの中に組み込まれた一部であり、SDGs を知るにはまずアジェンダを理解しなければなりません。

　アジェンダは前文と宣言からなりますが、宣言部分（パラグラフ 1 ～ 91）の構成は次の通りです（特に重要なパラグラフは下線で示しています）。

　＜ 2030 アジェンダの構成＞

　はじめに（パラグラフ 1 ～ 6）

　我々のビジョン（パラグラフ 7 ～ 9）

　我々の共有する原則と公約（パラグラフ 10 ～ 13）

　今日の我々の世界（パラグラフ 14 ～ 17）

　新アジェンダ（パラグラフ 18 ～ 38）

　実施の手段（パラグラフ 39 ～ 46）

　フォローアップとレビュー（パラグラフ 47 ～ 48）

　我々の世界を変革するための行動の呼びかけ（パラグラフ 49 ～ 53）

　持続可能な開発目標とターゲット（パラグラフ 54 ～ 59）

　　SDGs（17 の目標と 173 のターゲット）

　実施の手段とグローバル・パートナーシップ（パラグラフ 60 ～ 71）

　フォローアップとレビュー（パラグラフ 72 ～ 91）

　アジェンダの骨格となるのが下線で示した「我々のビジョン」（パラグラフ 7 ～ 9）であり、その具体化を示す「新アジェンダ」（パラグラフ 18 ～ 38）です。「新アジェンダ」は、SDGs の意図や内容を説明する部分ですが、それを受ける形で提起されるのが「持続可能な開発目標とターゲット」（パラグラフ 54 ～ 59）です。SDGs そのものはこのパラグラフ 59 の後に提示されています。それが私たちの目にする 17 の目標とターゲットです。SDGs とは何かを知るには、このアジェンダ全体を見ることが不可欠です。

　アジェンダがどのような世界の変革へのビジョンを有しているかを端的に示しているのが「我々のビジョン」です。この「我々のビジョン」の 3 つのパラグラフには、日本語訳としてカッコ書きで「目指すべき世界像」という見出し

が付けられています。

　「目指すべき世界像」は、3つのパラグラフ（7、8、9）で提示されていますが、冒頭で「これらの目標とターゲットにおいて、我々は最高に野心的かつ変革的なビジョンを設定している」と述べています。

　そしてパラグラフ7では、「我々は、すべての人生が栄える、貧困、飢餓、病気及び欠乏から自由な世界を思い描く。我々は、恐怖と暴力から自由な世界を思い描く」、パラグラフ8では「我々は、人権、人の尊厳、法の支配、正義、平等及び差別のないことに対して普遍的な尊重がなされる世界を思い描く」、パラグラフ9では「我々は、すべての国が持続的で、包摂的で、持続可能な経済成長と働きがいのある人間らしい仕事を享受できる世界を思い描く」とし、各パラグラフの基本となるビジョンを示したうえで、それに続いてさらに具体的な世界像が列挙されています。パラグラフ7から9までを次に示しましたが、「目指すべき世界像」には長年の人類の夢が描かれていますので、是非お読みください（下線は引用者）。

　7．（目指すべき世界像）<u>我々は、すべての人生が栄える、貧困、飢餓、病気及び欠乏から自由な世界を思い描く。我々は、恐怖と暴力から自由な世界を思い描く。</u>すべての人が読み書きできる世界。すべてのレベルにおいて質の高い教育、保健医療及び社会保護に公平かつ普遍的にアクセスできる世界。身体的、精神的、社会的福祉が保障される世界。安全な飲料水と衛生に関する人権を再確認し、衛生状態が改善している世界。十分で、安全で、購入可能、また、栄養のある食料がある世界。住居が安全、強靱（レジリエント）かつ持続可能である世界。そして安価な、信頼でき、持続可能なエネルギーに誰もがアクセスできる世界。

　8．（目指すべき世界像）<u>我々は、人権、人の尊厳、法の支配、正義、平等及び差別のないことに対して普遍的な尊重がなされる世界を思い描く。</u>人種、民族及び文化的多様性に対して尊重がなされる世界。人間の潜在能力を完全に実現し、繁栄を共有することに資することができる平等な

機会が与えられる世界。子供たちに投資し、すべての子供が暴力及び搾取から解放される世界。すべての女性と女児が完全なジェンダー平等を享受し、その能力強化を阻む法的、社会的、経済的な障害が取り除かれる世界。そして、最も脆弱な人々のニーズが満たされる、公正で、衡平で、寛容で、開かれている、社会的に包摂的な世界。

9．（目指すべき世界像）我々は、<u>すべての国が持続的で、包摂的で、持続可能な経済成長と働きがいのある人間らしい仕事を享受できる世界を思い描く。</u>消費と生産パターン、そして空気、土地、河川、湖、帯水層、海洋といったすべての天然資源の利用が持続可能である世界。民主主義、グッド・ガバナンス、法の支配、そしてまたそれらを可能にする国内・国際環境が、持続的で包摂的な経済成長、社会開発、環境保護及び貧困・飢餓撲滅を含めた、持続可能な開発にとってきわめて重要である世界。技術開発とその応用が気候変動に配慮しており、生物多様性を尊重し、強靱（レジリエント）なものである世界。人類が自然と調和し、野生動植物その他の種が保護される世界。

（2）世界変革目標としてのSDGs

この3つのパラグラフに書かれた「目指すべき世界像」には、今日の世界が抱える深刻な諸問題の解決をめざすためのビジョン、希求される理想像が示されています。アジェンダのこれまでにない特徴は、このような世界のあるべき姿についての目標の提示です。従来の国連を中心とする国際機関の取り決め（条約や議定書）は、詳細なルールと実施の仕組みを作ることを中心にしていました。そうなるとどうしても現状の延長線上で利害の調整や妥協が必要となり、問題の解決は中途半端で妥協的なものとなりがちです（現状から始めるのでフォアキャスティングといいます）。他方、アジェンダとSDGsの策定では、実施のルールや仕組みは定めず、近未来のあるべき姿を目標という形で定める従来とは異なるアプローチがとられました（将来の目標から始めるので

バックキャスティングといいます）。これまでの「ルールによるグローバルガバナンス」ではなく「目標によるグローバルガバナンス」がはじめて実現したとされています[5]。

国連が 1948 年に公表した「世界人権宣言」も人権のあるべき理想の姿を提起した「目標によるグローバルガバナンス」の原型だったと考えられますが、「2030 アジェンダ」はそれを上回る規模と内容をもった画期的な「目標によるグローバルガバナンス」の方向性を明らかにしたということができます。

各国政府や各団体・企業の思惑やギャップを乗り越えて、目指すべき目標や方向の合意に到達することができたのは、私たちが直面する自然環境と社会・経済をめぐる問題の深刻さです。深刻な問題群に直面するがゆえに、そのための解決目標は変革的なものとならざるをえません。人類社会の破局的危機の進行を放置できないことを誰もが認識するようになり、変革的な目標や方向に誰もが反対しえなくなったことからアジェンダと SDGs が生まれました。

こうしたビジョンについて「総花的な理想にすぎず絵に描いた餅」「理念先行の大風呂敷」という批判的な見方もありますが、国際社会が追求してきた諸課題を集約して明示したものであり、世界史的に見て重要かつ貴重な成果であるという見方に立つことが必要です[6]。

SDGs はその世界変革宣言を具体化するものとして提示されており、その意味で、SDGs は「世界変革目標」であるといわねばなりません。SDGs のもっとも重要な特質は、それが世界変革のための目標を目指すものであることにあります。本書巻末の 17 の目標とターゲットを読めば、その変革の特質を感じとることができるはずです。SDGs の目指す変革の課題を私たちがどのように受け止めて取り組むべきかが、本書での検討課題です。

（3）環境・社会・経済を統合化する SDGs

環境・社会・経済の目標を統合化して取り組むことを目指すのも、SDGs の重要な特質であるといわねばなりません。これまでの単発であった個々の取り

---

5 蟹江、前掲書、12 ページ。
6 古沢広祐『食・農・環境と SDGs——持続可能な社会のトータルビジョン』農文協、13 ページ。

組みを統合した包括的な目標を提起したのが SDGs です。

　SDGs は 17 の目標と 169 のターゲット、232 の指標からなっていますが、ア
ジェンダの前文では「目標およびターゲットは、統合され不可分のものであ
り、持続可能な開発の 3 側面、すなわち経済、社会及び環境の 3 側面を調和さ
せるもの」であるとしています。例えば、持続可能な経済開発の追求で環境問
題を悪化させてはならず、目標実現は他の目標と矛盾することなく一体となっ
て「目指すべき世界像」に迫っていくものでなければなりません。SDGs は、
これまでの国連や他の機関の様々な取り組みを統合化し一体化したもので
す。国連の歴史上はじめて、環境と開発という 2 つの大きな議論の潮流を 1 つ
にしたともされています[7]。

　「持続可能な開発」という概念は、1987 年のブルントラント委員会（国連
「環境と開発に関する世界委員会」）の報告で、はじめて提起されましたが、環
境と開発を一体に扱う論議は進みませんでした。ようやく 2002 年のヨハネス
ブルク・サミットで、経済、社会、環境が持続可能な開発の「3 つの柱」であ
るということが認識されはじめ、2012 年の「リオ＋ 20」（国連「持続可能な開
発会議」）の成果文書で「経済的、社会的、環境的側面を統合し、それらの相
関を認識し、あらゆるレベルで持続可能な開発を、主流としてさらに組み込む
必要がある」と述べられるに至りました。3 つの柱から 3 側面の「統合」とい
う表現に変わっていったのです[8]。この 3 つの側面の統合を確固たる概念とし
て打ち出したのが 2030 アジェンダと SDGs です。

　3 つの側面の統合については様々なイメージ図が作られていますが、**図表 1**
はスウェーデン・レジリエンス研究所のヨハン・ロックストロームらにより作
られた「SDGs ウェディングケーキ」と呼ばれる構造モデルです[9]。「環境」「社
会」「経済」のケーキが 3 層に重ねられ目標のアイコンが並べられる形の図です。

　一番下が「環境」で、私たちが地球上で暮らすうえで必要不可欠な要素であ

7　蟹江、前掲書、33 ページ。
8　蟹江、前掲書、60 ページ。
9　ロックストロームらの研究については次を参照。ロックストローム・ヨハン＝クルム・
　マティアス（武内和彦・石井菜穂子 監修、谷淳也・森秀行他訳）『小さな地球の大きな世界
　―プラネタリー・バウンダリーと持続可能な開発』丸善出版、2018 年。

図表1　SDGsのウェディングケーキ・モデル

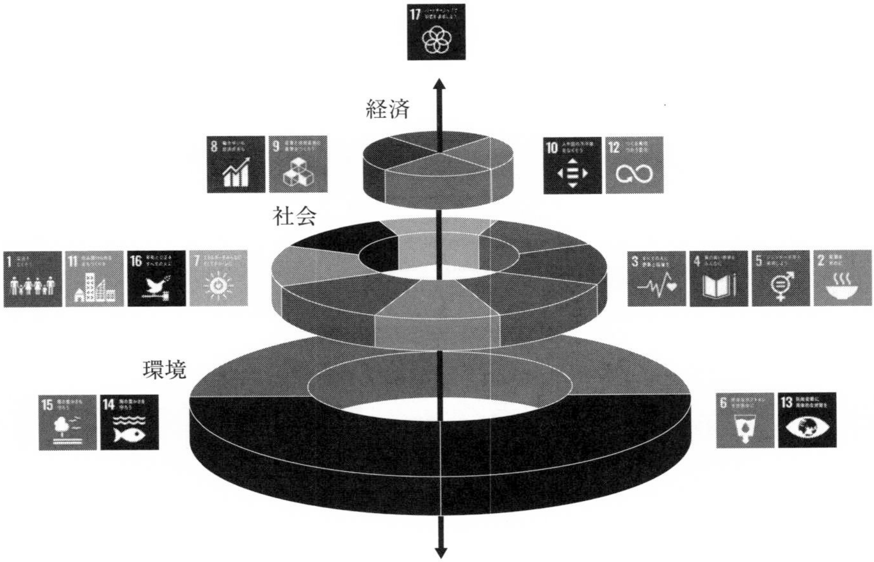

（出所）Azote Images for Stockholm Resilience Centre, Stockholm University.

る海や森林などの環境問題や、気候変動についての4つの目標が置かれています。「6．安全な水とトイレを世界中に」「13．気候変動に具体的な対策を」「14．海の豊かさを守ろう」「15．陸の豊かさも守ろう」の4つです。

　真ん中が「社会」で、私たち人間が不自由なく生活し、働けるような世界を作り上げるための8つの目標が位置づけられています。「1．貧困をなくそう」「2．飢餓をゼロに」「3．すべての人に健康と福祉を」「4．質の高い教育をみんなに」「5．ジェンダー平等を実現しよう」「7．エネルギーをみんなに そしてクリーンに」「11．住み続けられるまちづくりを」「16．平和と公正をすべての人に」の8つです。

　一番上が「経済」で、社会で働く人々の働きやすさや人や国に対する差別や偏見をなくすことで、国や世界の経済発展につながることになる4つの目標が置かれています。「8．働きがいも経済成長も」「9．産業と技術革新の基盤をつくろう」「10．人や国の不平等をなくそう」「12．つくる責任 つかう責任」の4つです。

そして「環境」「社会」「経済」の頂点に「17. パートナーシップで目標を達成しよう」が設定されています。国や団体・企業などのすべての人々のパートナーシップ（協力）なしには持続可能な社会を作り上げることができないことを示しています。

SDGs における世界変革への取り組みという特質と 3 つの側面の統合的な取り組みという特質は、それ自体分かちがたく結びついています。世界の変革へと進むには環境・社会・経済の 3 つの側面を統合して取り組まねばならず、3 つの側面の取り組みを統合的に進めることが世界の変革をもたらすという関係にあります。

（4）すべてを社会的に包摂する SDGs

そうした目標は、国家、企業、市民社会のすべての構成員やすべての人々のための目標であり、「誰 1 人取り残さない」というもう 1 つの SDGs の特質につながっています。世界の変革によってもたらされる「目指すべき世界像」には、「すべての人」「すべての子供」「すべての女性と女児」の自由や解放が謳われ、「すべて」を含むという意味で「包摂的（inclusive）」な世界が描かれています。そこには人間だけでなく「生物多様性」も含まれています。SDGs の関連文書である「SDG コンパス」（第 7 章で詳述）では、ステークホルダーの中に将来生まれてくる子どもたちや生態系までもが加えられています。「誰 1 人取り残さない」はすべての人を SDGs の対象（客体）とするということだけではありません。それは「すべてを包摂する社会」という意味をもっており、すべての人が主体となって参加する社会でもあります。

アジェンダの「目指すべき世界像」パラグラフ 8 では、「公正で、衡平で、寛容で、開かれている、社会的に包摂的な世界」を目指すと書かれ、パラグラフ 9 では「民主主義、グッドガバナンス、法の支配」を目指すと書かれています。それらを要約すると、「民主主義的な共同社会」という世界像が浮かび上がってきます。誰もが 1 人残らず、人間らしい仕事や生活のニーズを享受し、その実現のために民主主義的に参加して運営する開かれた共同的な社会です。

そうした「誰 1 人取り残さない」ための「人間すべての包摂」という課題

は、世界の変革への取り組み、環境・社会・経済の3つの側面の統合的な取り組みなしには実現することができません。

　世界の変革、3つの側面の統合、人間すべての社会的な包摂という3つの特質は、2030アジェンダとSDGsが、大げさにいえば人類にとってはじめての前例のない取り組みであることを示すものであるということができます。

（5）SDGsの弱点や問題点

　とはいえ、SDGsには様々な弱点や問題点もあります。193の全加盟国が合意に至るには、利害の対立を回避するための調整や妥協が必要となりました。その結果、重要なテーマが目標から外されたり、目標の曖昧さや目標の間の矛盾が残ってしまうという問題も生まれました。

　SDGsの基本骨格となるのは、「目指すべき世界像」に示されるように、貧困・飢餓の撲滅、人権の尊重、格差・不平等の解消、ジェンダー平等、働きがいのある人間らしい仕事等の変革的な目標ですが、気候変動対策についての目標が不十分であるとの批判が出されています。「目標13. 気候変動とその影響に立ち向かうために緊急対策を実施する」にはターゲットが5つしかなく、「気候変動対策を、国の政策や戦略、計画に統合する」という一般的な目標設定に終わっています。これは、SDGsが同じ2015年におけるパリ協定の数カ月前に設定されたことによるものです。SDGsはパリ協定等の気候変動枠組条約の論議と決定に従うとしており、気候変動対策の目標をパリ協定等にゆだねる形をとっていると理解すべきです。SDGsは気候変動についての目標が不十分というのではなく、気候変動枠組条約とワンセットであり一体のものととらえなければなりません。

　SDGsには他にもいくつかの弱点が指摘されています。重要な課題の欠落です。エネルギーに関する目標7では「信頼できる現代的なエネルギーサービス」や「クリーンエネルギー」の提示はありますが、「原子力発電問題」の是非については触れられていません。平和に関する目標16では「あらゆる形態の暴力」の終息を謳っていますが「戦争の根絶」ということは明記されておらず、「核兵器の廃絶」をめぐる課題についても示されていません。これらは意見の対立がある中で、目標とならなかったテーマであるということができま

す。またアジェンダには書かれていても「民主主義・グッドガバナンス」は目標には明示されていませんし、ジェンダー平等は「目標 5」に掲げられていますが LGBT にまで課題が及んでいません。

　さらに目標間の矛盾や目標の具体化の問題も指摘されています。

　日本学術会議は SDGs にたいして 135 の提言をしていますが、その中で完全雇用・ディーセントワークと持続可能な経済成長との関係について疑問を呈し、「完全雇用と人間らしい労働環境の実現に、規制緩和と自由な経済活動により促進されるという市場主義的発想が入り込んでいる」と批判をしています[10]。他にも市場の力や企業の力に頼ることへの批判的な意見が出されています。ニューズウィークは、SDGs の実現を測定する 232 の指標について、富裕国ほど点数が高くなるような開発優先、環境軽視になっていると批判し、「SDGs の見直し」が必要であると述べています[11]。

　また SDGs は目標のみが設定されており、どのように取り組むかは各主体の自由にゆだねられているため、SDGs の曖昧な部分を都合よく解釈する余地があります。その結果、見かけだけの取り組みである「SDGs ウォッシュ」（ウォッシュとはうわべだけの意味）が様々に生まれてくるという問題が生じます。SDGs を実現するためには SDGs の不透明な部分を批判し、その改善を図っていかなければならず、「SDGs ウォッシュ」をなくしていかなければなりません。

　このような弱点や問題点があるからといって SDGs の歴史的意義を減じるものではありません。世界が合意に達した世界変革の目標を、弱点や問題点を是正しながら追求していくことが重要であり、SDGs に本格的に取り組み「目指すべき世界像」を実現するかどうかは私たちの意思にかかっているのです。

---

10 日本学術会議・科学と社会委員会報告「学術と SDGs のネクストステップ─社会とともに考えるために」2020 年 9 月。
11 ニューズウィーク日本版「SDGs 優等生の不都合な真実」2020 年 10 月 8 日。

3．SDGs に至る国連の軌跡

（1）「開発の時代」から「人権と環境の時代」へ

　デベロップメント Development（開発ないしは発展）という概念は歴史的に大きく変容してきました。ロレンツィーニ『グローバル開発史』[12] によれば、「開発」という言葉は産業革命以降、国内における産業化や工業化を意味するものとして、「成長」と同義語として使われる一方、国際的には植民地の「文明化」「近代化」を意味するものとして植民地支配の道具として使われるようになったとされています。第2次世界大戦後は、「開発」は、冷戦における東西陣営対立の中で資本主義・社会主義に旧植民地諸国を組み込むための対外援助の道具として使われるようになりました。そうした開発のための理論的支柱となったのがウォルト・ロストウの近代化論です[13]。ロストウは途上国の産業化を進めることが共産主義化を防ぐとする経済発展段階論を提唱し、第2次世界大戦後の開発政策に大きな影響を与えました。ロレンツィーニは、かつて開発は「帝国のイデオロギー」であり「植民地帝国を強化するもの」であったが、「後の脱植民地化によって開発は、帝国の国内政策ではなくなり、植民地を失った国々にとって、それは対外政策の形態の一つとなった」と述べています[14]。

　その後、開発の意味と役割は様々に変容しますが、ロレンツィーニによれば「開発を担った諸機関は、普遍的で均質な開発の概念を作ろうとしたが、結局は失敗に終わった」と結論づけています。国連や関連する諸機関は開発をめぐる南北の対立を解決できないままでしたが、次第に南（グローバルサウスと呼ばれる途上国）に対する北（先進国）の支配拡大を意図した開発からの脱却を余儀なくされるようになり、1970 年代後半から「開発の時代」からの転換が模索されるようになりました。特にグローバルサウスは平等を求める立場か

---

12 サラ・ロレンツィーニ（三須拓也・山本健訳）『グローバル開発史―もう一つの冷戦』名古屋大学出版会、2022 年。
13 ウォルト・ロストウ（木村健康・久保まち子・村上泰亮訳）『経済成長の諸段階―1つの非共産主義宣言』ダイヤモンド社、1961 年。
14 ロレンツィーニ、前掲書、3 ページ。

ら、自らの開発自体を権利とする要求を強め、「開発のための人権」という考え方が議論されるようになり、開発における人権の尊重が求められるようになりました[15]。

　その結果、20 世紀末から 21 世紀にかけて、これに環境問題が加わり、国連のテーマは「開発の時代」から「人権・環境の時代」へと変化していきました。それが SDGs を生む底流となったということができます。デベロップメントの概念は、同じ言葉が使われてはいますが大きく変容していったわけです。その意味で、「持続可能な開発」という表現における「開発」を「工業化」「近代化」と同じイメージでとらえるべきではありません。それでは「持続可能」と「開発」は矛盾・対立したものになりかねません。デベロップメントは物質的な拡張という意味だけではなく、非物質的な発達や進化という意味ももっています。SDGs におけるサステナブル・デベロップメントは、「開発」という翻訳より「持続可能な発展ないしは進化」という翻訳にすべきではないかと思われます。

（2）国連の戦略転換

　国連において SDGs が生まれる具体的経緯について見てみましょう。国連は創設以来、先進国と発展途上国との対立に直面し、途上国を貧困や低開発から脱却させるために開発問題に取り組んできました。そうした開発が先進国や東西陣営の支配や勢力拡大の側面をもっていたことは上で述べた通りです。開発の中心となる対外援助は、国家・政府組織の支配というだけではなく、民間組織・企業にとって巨大なビジネスの対象ともなりました。そうした中で南北にまたがるグローバルなビジネスにおける多国籍企業の行動が問題となり、途上国の収奪や支配を行う多国籍企業の規制が重要な課題として論議されるようになりました。

　1977 年には国連 ILO（国際労働機関）による「多国籍企業原則の 3 者宣言」の採択がなされ、それと前後して OECD（経済協力開発機構）等でも多国籍

---

15 同上、220 - 222 ページ。

企業の規制への取り組みが図られました[16]。1980・90年代にグローバル化の中で新自由主義的な資本主義が世界に広がると、多国籍企業の無規制で無法な活動は深刻の度合いを増し、多国籍企業をめぐる問題が大きな対決点になりました。90年代は冷戦終結に伴い国際開発のあり方が問題となった時期でもあり、多国籍企業問題は貧困撲滅のための経済・社会開発の中でも重要な検討課題となっていきました。

　そうした問題に対処するために、当時の国連事務総長であったコフィ・アナン（在任1997〜2006年）がとったのが企業や投資家の包摂策です。1999年世界経済フォーラムのダボス会議の演説で「世界市場を単なる短期的利潤追求の場とするのか、それとも人間の顔を持ったものとするか」と問いかけ、企業経営者に対して協力を呼びかけました。これを機に、それまで企業とは一線を画していた国連の戦略から、多国籍企業や機関投資家を取り込む戦略への転換がなされました[17]。一部の発展途上国から、国連と企業とが直接結びつくことへの批判もありましたが、それ以降、企業や投資家を協力へと導く取り組みが展開されることになります。

　SDGsへとつながる企業・経済にかかわる取り組みは次のようなものです。

2000年　ミレニアム宣言・ミレニアム開発目標（MDGs）
2000年　グローバル・コンパクト
2006年　責任投資原則（PRI）
2007年　ビジネスと人権のための枠組み
2011年　ビジネスと人権に関する指導原則

---

16 多国籍企業の規制については、小栗崇資「多国籍企業の規制とグローバルスタンダード」丸山惠也編著『現代日本の多国籍企業』新日本出版社、2012年を参照のこと。主要な多国籍企業規制の取り組みは以下の通り。ILO（国際労働機関）「多国籍企業および社会政策に関する原則の3者宣言」（1976年制定、2006年改定）、OECD（経済協力開発機構）「多国籍企業ガイドライン」（1976年制定、2011年改定）。
17 米澤慶一「グローバル・コンパクト―国際社会における「企業の社会的責任」」（『ニッセイ基礎研REPORT』2005年7月）は、「営利企業とは一線を画していた感のある国連を代表する立場として、広義の世界ビジネスとの連携を促進していくこと」がアナンによって進められたことを明らかにしている。

　2000 年に設定された MDGs とグローバル・コンパクトは、アナン国連事務総長が意図した戦略のための 2 つの装置でした[18]。2000 年に開催された国連ミレニアム・サミットにおいて「国連ミレニアム宣言」が採択され、そこから生まれたのが SDGs の前身となる MDGs（ミレニアム開発目標）です。2001 年から始まり 2015 年での達成を意図した MDGs は、途上国における開発と貧困撲滅を目指すものであり、試行錯誤のもとに世界が合意に達した目標となりました。

（3）「グローバル・コンパクト」「PRI」

　MDGs と同時に立ち上げられたのが「グローバル・コンパクト」（Global Compact）であり、MDGs 実現の条件を支えるものとして提起されました[19]。「コンパクト」とは「誓約」という意味ですが、人権と労働権の尊重、雇用差別の撤廃、環境への責任、腐敗防止など 10 の原則の実行を誓い、署名入りの書簡を国連事務総長に送付してグローバル・コンパクトに参加することを企業に求める活動です[20]。

　MDGs 実現のために不可欠となったのは、グローバル・コンパクトを中心とする企業や証券・金融市場による取り組みです。その中には ILO の労働に関する条約やディーセントワークの提起も含まれています[21]。MDGs はその後 SDGs へと引き継がれますが、それらの取り組みは SDGs を支える重要な要素となっていきます。

　2006 年に提起されたのが「国連責任投資原則」（PRI：Principles for Responsible Investment）です。グローバル・コンパクトは企業に協力を求めるものでしたが、資本主義を支える本丸である機関投資家に協力を要請するものとなったのが PRI です。PRI は投資における 6 つの原則からなりますが、

---

18 夫馬賢治『ESG 思考』講談社 α 新書、2020 年、34 ページ。
19 米澤、前掲論文では、グローバル・コンパクトと MDGs との関係が分析されている。
20 グローバル・コンパクトには、2022 年 10 月末現在、2 万 1078 の企業・団体が参加している（日本では 516 の企業・団体）。
21 ILO は、1998 年に ILO の 8 条約を中核的な条約として示し、99 年に「公正なグローバル化のための社会正義に関する ILO 宣言」の中で「ディーセントワーク」を提起した。これらは、グローバル・コンパクトや SDGs の中に組み込まれていっている。

そこで提唱されたのがESGというコンセプトです。ESGとは環境（Environment）、社会（Social）、ガバナンス（Governance）の頭文字をとった用語です。社会的責任を果たすために、環境、社会、コーポレート・ガバナンス（企業統治）を考慮した投資を求め、署名を通じて参加することを投資家に要請するのがPRIです[22]。

　このように見ると、SDGsへと至る過程の重要な特徴は、SDGsの前身となるMDGsへの取り組みに企業と投資家の協力を得る形を取り込んだことにあります。SDGsの目標の多くは、企業や投資家の協力と取り組みなしには実現できません。SDGsの成否のカギを握るのは、企業や投資家にどのような協力を得られるかです。それは企業や投資家に社会的責任を課し、自己変革を求めるものになります。多国籍企業規制が進まなかったのはそうした難問を解くことができなかったということにありますが、次に見るように国連は人権という切り口で問題を解こうとしました。

（４）ビジネスと人権

　グローバル・コンパクトとPRIは企業と投資家に対して協力を求める国連の活動でしたが、あくまでも企業や投資家の自発性にもとづくものでした。自発性にゆだねるだけでは、多国籍企業の利益追求のための無責任で有害な行動をなくすことはできず、不利益や犠牲をこうむる個人や地域社会と多国籍企業との対立は次第に人権をめぐる問題を中心とするようになっていきました。

　ビジネスと人権の問題に取り組んだのが、アナンからの要請に応えたハーバード大学教授のジョン・ラギーです。ビジネスと人権をめぐっては長年にわたる対立があり、人権問題に対して強制的な規制か自発的な対応かの論争が続いていました。ラギーは国連事務総長の特別代表としてこの難題に取り組み、2007年に「保護・尊重・救済―ビジネスと人権のための枠組み」を公表しました。その上に立って、2011年に「ビジネスと人権に関する指導原則―国連の「保護・尊重・救済の枠組み」の実施」（以下「指導原則」）を国連人権理事

---

22 PRIには、2022年10月末現在、5220の機関投資家・金融機関が参加している（日本では119）。19年には「国連責任銀行原則」（PRB）も発足している。

会に提出し、全会一致の推奨を得ました[23]。

　強制か自発かをめぐる対立的な議論に対して、ラギーは二分法を脱する方法を模索し、法的強制とは異なる規範的枠組を作り上げ、自発性を引き出す実践的なガイダンスを提示することで合意を生み出すのに成功しました[24]。

　「指導原則」は、人権を保障する国の義務や人権を尊重する企業の責任、人権デューデリジェンスなどについて 31 の原則を定めています。特に、人権デューデリジェンスがビジネスと人権の取り組みの核心をなすと考えられます。ラギーは「人権デューデリジェンスはビジネスにおける人権尊重へと企業を導いていくための、実践的かつ達成可能なアプローチ」であると述べています[25]。

　デューデリジェンスとは、デューは義務、デリジェンスは努力をさし、適正な調査・対応を意味する言葉ですが、人権デューデリジェンスは、企業がもたらす人権への有害な影響をリスクとして評価・管理し、適切に対処する企業行動を求めるものです。後述するように、この人権デューデリジェンスが多国籍企業規制の重要な要素となり、企業に変革を促す方策の 1 つとなっていきます。

　そしてこうした「指導原則」が契機となり、それにもとづく国際条約の検討も始まっています。2018 年には条約案が作成され、20 年には第 2 次条約案、22 年には第 3 次案が提示されるに至っています。多国籍企業の規制をめざす人権についての国際条約化の動きは画期的な段階に入っているといえます[26]。

（5）SDGs を貫く人権の取り組み

　このように、企業と投資家の自己変革を促す方法としてビジネスと人権への取り組みが進んでいきましたが、それだけでなく 2015 年に提起された SDGs

---

23 ジョン・ジェラルド・ラギー（東澤靖訳）『正しいビジネス―世界が取り組む「多国籍企業と人権」の課題』岩波書店、2014 年参照。
24 ラギーは、強制的と自発的の対抗する 2 つのアプローチをとるのではなく、「規範的枠組みとそれに対応する政策ガイダンスを開発して、合意を獲得する」という新たな方法をとったことを述べている（同上，124 ページ）。
25 同上、207 ページ。
26 筒井晴彦「企業と人権（上・下）」「しんぶん赤旗」2021 年 4 月 16 日、17 日、「人権遵守は企業の義務（上・下）」「しんぶん赤旗」2022 年 10 月 7 日、8 日。

図表２　SDGs の目標と人権の関係

目標１．貧困削減	相当な生活水準の権利 （世界人権宣言、社会権規約等）
目標２．飢餓ゼロ	相当な食糧の権利 （世界人権宣言、社会権規約等）
目標３．健康と福祉	生存権、健康を享受する権利 （世界人権宣言、自由権規約、社会権規約等）
目標４．質の高い教育	教育の権利（世界人権宣言、社会権規約等）
目標５．ジェンダー平等	女性・女児に対する差別、暴力の排除 （女性差別撤廃条約）
目標６．清潔な水と衛生	安全な水と公衆衛生の権利 （世界人権宣言、社会権規約等）
目標７．安価でクリーンな エネルギー	相当な生活水準の権利 （世界人権宣言、社会権規約等）
目標８．働きがいのある人間 らしい仕事と経済成長	労働の権利、公正かつ良好な労働条件を享受する権利 （世界人権宣言、社会権規約、ILO 条約等）
目標９．産業・技術革新 およびインフラ	科学の進歩を享受する権利 （世界人権宣言、社会権規約等）
目標10．不平等の削減	平等と非差別の権利、政治に参加する権利 （世界人権宣言、社会権規約、自由権規約、 各種の差別撤廃条約）
目標11．持続可能な街と コミュニティ	相当な住居の権利、文化的生活に参加する権利 （世界人権宣言、社会権規約等）
目標12．責任ある消費と 責任ある生産	健康を享受する権利、相当な食糧・安全な飲料 水の権利（世界人権宣言、社会権規約等）
目標13．気候変動への対策	健康を享受する権利、相当な食糧・安全な飲料 水の権利（世界人権宣言、社会権規約等）
目標14．海中の生命	天然の富および資源を自由に処分する権利 （自由権規約、社会権規約等）
目標15．陸上の生命	天然の富および資源を自由に処分する権利 （自由権規約、社会権規約等）
目標16．平和、公正および 強力な制度	生命、自由および安全の権利、法的人格の権利、 政治参加の権利、情報へのアクセス権（世界 人権宣言、社会権規約等）
目標17．ゴール達成のための パートナーシップ	すべての人の自決権、すべての人の開発の権利 （世界人権宣言、自由権規約、社会権規約等）

（出所）日本弁護士連合会・国際人権問題委員会編『ビジネスと人権』現代人文社、2022 年、131－135 ページの表３にもとづき作成。国連の人権諸規定の一部のみを掲示。

は全体が人権尊重の概念によって貫かれています。「人権」という言葉だけ見れば、SDGs には「目標4」に1度しか出てきませんが、2030 アジェンダでは随所に人権という言葉が登場し、SDGs の意図を説明したパラグラフの19で、「（人権）我々は、世界人権宣言及びその他の人権に関する国際文書並びに国際法の重要性を確認する。我々は、すべての国が国連憲章に則り…すべての人の人権と基本的な自由の尊重、保護及び促進責任を有することを強調する。」と述べています。すなわち「SDGs の根底には人権の理念」があり「SDGs は人権の理念を基礎」にしていると見なければなりません[27]。

　日本弁護士連合会・国際人権問題委員会編『ビジネスと人権』[28]は「すべてのゴールは人権にかかわる」として、SDGs の目標とこれまでの国連の人権諸規定との関連を次のよう示しています（図表2参照）。

　ここに掲げた権利と宣言、規約、条約はほんの一部でしかありませんが、これまで国連を通じて人類が蓄積してきた人権および様々な権利の宣言や条約にもとづいて SDGs が生まれたことを確認しなければなりません。その意味で SDGs は人類が構築してきた国際的人権の集合体であるということができます。

　2030 アジェンダの前文は「我々は、あらゆる形態及び側面において貧困と飢餓に終止符を打ち、すべての人間が尊厳と平等の下に、そして健康な環境の下に、その持てる潜在能力を発揮することができることを確保することを決意する」と述べており、それが SDGs を貫く人権の根拠となっていると見ることができます。

　ここでの人権論においては、従来の「すべての人間の尊厳と平等」という規定にとどまらず、「潜在能力を発揮することができることを確保する」という提起がなされていることに注目すべきです。「潜在能力」という概念は、アマルティア・センによって展開されたもので、潜在能力とは「人がなし得ること、なり得るものの優位な組み合わせから成る機能を達成する機会」を指します[29]。センの潜在能力論は、自由権的基本権（国家の介入や侵害を受けない自

---

27 横田洋三編『新国際人権入門―SDGs 時代における展開』2021年、5ページ。
28 日本弁護士連合会・国際人権問題委員会編『ビジネスと人権』現代人文社、2022年。
29 Sen, Amartya, "Elements of Theory of Human Rights", *Philosophy and Public Affairs*, 315, p.332.

由の権利）と社会権的基本権（国家に依拠して人間が人間らしく生きる権利）とを区別せず結合する議論であり、人権概念を質的に拡張する議論です[30]。アジェンダはこうしたセンの「潜在能力論」を組み込んでおり、それがSDGsにおける人権論の展開を支えていると考えられます。

　その意味で、SDGsは世界の変革、3つの側面の統合、人間すべての社会的な包摂、という3つの特質にさらに人権尊重の実現を4つ目の特質としてもつものであるといわなければなりません。

4．SDGsをどうとらえるべきか

　本書はSDGsが世界史的意義をもつものとして肯定的にとらえ、それをさらに深く解明することを試みようとしていますが、SDGsをどうとらえるかをめぐって批判的・否定的な意見も出されています。SDGsをどうとらえるべきかについて考えてみましょう。

　代表的な意見は斎藤幸平の「SDGsは大衆のアヘン」というものです。斎藤の『人新生の「資本論」』は、冒頭でSDGsは「大衆のアヘン」であると断じて話題を呼びました[31]。斎藤は他の論稿でSDGsにおける貧困撲滅や格差是正等の理念については賛意も表明しており、SDGsの全否定というわけではありません。とはいえSDGsの理念は良くても「その理念が骨抜きにされ、「大衆のアヘン」に成り下がっている」「このように概念が「偽物」たちに乗っ取られ」ることになるSDGsやグリーン・ニューディールは良い理念ではあっても、「意見の異なる人々」が結集する「呉越同舟的」なものになり、「政府や大企業から環境団体まで多様な集団がつながる結節点」になってしまうと論じています[32]。

　斎藤の意見の根底にあるのは、「経済成長を駆り立ててきた資本主義システ

---

30 駒村圭吾「人権は何でないか—人権の境界画定と領土保全」井上達夫編『人権論の再構築（講座 人権論の再定位5）』法律文化社、2010年、20ページ。
31 斎藤幸平『人新生の「資本論」』集英社新書、2020年、3ページ。
32 斎藤幸平「気候崩壊と脱成長コミュニズム—ポスト資本主義への政治的想像力」『世界』岩波書店、2021年10月号。

ム」の否定です。端的にいえば、成長を追い求める資本主義を肯定するかぎり
は、どのような良い理念でも「偽物」たちに乗っ取られて「アヘン」になって
しまうという考えです。斎藤の主張は「必要なのはこの資本主義という差別シ
ステムに抜本から挑み、別の関係性を作り出す」ということであり、そうした
資本主義に対して「脱成長コミュニズム」を対置するという点にあります。こ
うした問題提起は検討すべき重要な課題であることはいうまでもありません。

　筆者は「脱成長」ではなく「成長の管理・制御」が重要であると考えていま
す。マルクスは『資本論』第3部第48章で「社会化された人間、結合された
生産者たちが、…この物質代謝を合理的に規制し自分たちの共同的制御のもと
に置く」ことによってはじめて「自由の王国」へとつながると述べています
（『資本論』第3部、大月書店版、1051ページ）。仮に「脱成長コミュニズム」が
将来の目標であったとしても、そこに到達するには歪んだ経済成長や物質代謝
の攪乱を制御するための中・長期の成長管理・制御の過程が必要となりま
す。その過程は資本主義の改良と改革を進める道とならざるをえません。

　斎藤は脱成長コミュニズムに到達する政策やプロセスについて語っていませ
んし、コミュニズムとはどのようなシステムであるかについて説明はほとんど
していません。資本主義を否定しコミュニズムを対置するのは願望のレベルの
経済思想上の議論です。後で見るようにマルクスの理論は資本主義の中から資
本主義を変える要素が生まれてくるというものです。資本主義の改良・改革を
通じて転換していくということが必要なのであって、資本主義を何か別のもの
に一挙に取り換えるということではありません。

　大局的に見れば、SDGsは資本主義の中から生まれてきた改善策にすぎませ
ん。改善策を示さなければならないほど資本主義が行き詰まりつつあると見る
ことができます。見方を変えれば資本主義が延命していくための策であるとも
いえます（資本主義は生き残るために自己を変えていく性質をもっています
が、その点については第3章で説明します）。

　しかし、改善策・延命策ではあっても「変革」を謳わざるをえないほどの抜
本的で画期的なものです。弱点や不完全さもありますが、世界が合意に達した
「変革」の課題や目標に取り組むことが、資本主義を変えていく運動を作って
いくと見なければなりません。そのような性格のSDGsを肯定的にとらえられ

るかどうかが重要な論点となっています。

　SDGs は人類の目指すべき世界像を提示する非常に大きな概念であるがゆえに、「大風呂敷」「絵に描いた餅」と揶揄されたり、「SDGs は大嘘」という非難までされています[33]。また SDGs の弱点は「敵の姿が曖昧なこと」であり、「人類社会の仕組みの中にあるらしき敵の姿が明確に示されていない」という指摘もあります[34]。「敵」とは多国籍企業ですが、その多国籍企業との対決姿勢を改め、協調関係を作ってきたのは国連だというわけです。そうした点について「開発の民営化」であるという意見も出されています[35]。

　確かに国連はアナン事務総長の時代に企業や投資家を取り込む方向に姿勢を転換しました。そのアナンによって MDGs がスタートし現在の SDGs へとつながっています。SDGs は企業（多国籍企業）の協力を重要な要素として組み込んでいますが、そうしたことへの批判的な意見は、多国籍企業を SDGs に参加させることへの是非を問うています。斎藤が大企業を含む「呉越同舟的」なものまで SDGs に参加させることの問題を指摘していることと共通する意見といえましょう。

　本書は SDGs に企業を取り込むことに積極的意義を認めています。それは SDGs が資本主義の改良・改革であることと関連しています。資本主義の変革的な改革をめざす SDGs において企業の変革は要（かなめ）の位置にあります。企業は将来にわたって経済社会を動かす単位であり続けるからです。「持続可能な経済社会」を実現するためには、改革へとつながる変革的な企業経営を追求することが不可欠です。

　そのためには企業を変えていくことが経済社会の変革にとって何よりも重要な課題となります。しかし、そのように SDGs の推進と企業の変革を結びつけて進めることには様々な問題があります。本書は、SDGs がどのような意味で追求に値する課題であるかを見たうえで、SDGs の推進の中で企業をどう変え

33 池田清彦『SDGs の大嘘』宝島新書、2022 年。
34 岡野内正『グローバル・ベーシック・インカム構想の射程─批判開発学 /SDGs との対話』法律文化社、2021 年、158 ページ。
35 池島祥文「「開発の民営化」と国連機関による多国籍企業規制の転回」『横浜国際社会科学研究』第 18 巻第 1・2 号、2013 年。

るべきかについて後の章で検討してみたいと思います。

　以上のようにSDGsをどうとらえるかについては、資本主義のままでSDGs
の実現は可能か、資本主義ではなくコミュニズムが必須なのか、企業や投資家
の協力を得ることはSDGsを「偽物」に乗っ取られることになるのか、という
点が大きな論点になります。

　さらにSDGsが資本主義の改善策に過ぎないとすれば、提唱されている「世
界変革」はどのような意味の改良・改革として理解すればよいか、その「世界
変革」がなぜ環境・社会・経済の3つの側面の統合を必要としているか、とい
う点も論点となります。統合は「ネクサス」とも呼ばれており、「ネクサスに
起因する問題の大きさや不確実性に応じて体制的な対応をどうとっていくべき
かは多くの課題」があるとされ、「ネクサス・アプローチはさらなる進化が求
められている」という問題提起もされています[36]。

　こうした論点の解明はなお十分ではありません。本書はその解明の一端を担
う試みであるといえます。SDGsをどのようにとらえるべきかについて、以下
の章で検討を進めたいと思います。

---

36 蟹江憲史編著『持続可能な開発目標とは何か――2030年に向けた変革のアジェンダ』ミ
ネルヴァ書房、2017年，102ページ。

第2章　EU と日本の SDGs 比較

1．社会変革をめざす EU の SDGs

（1）EU がリードする SDGs

　SDGs にどのように取り組むかは国によって異なっています。目指すべき目標として SDGs については合意しましたが、それをどのように実現するかは取り組む主体の自由にゆだねられています。どう取り組むかについては、SDGs についてのとらえ方やスタンスの違いが現れます。この章では EU と日本の取り組みについて検討しその相違を見てみましょう。

　SDGs にどのように取り組むかの先進例を示しているのは EU です。EU は SDGs を政策の基本に据えて社会変革を目指そうとするフロントランナーといってよいでしょう。そもそも EU は、国際開発の展開や SDGs の策定過程に深くかかわってきました。EU がスタートする際の 1993 年発効の EU（マーストリヒト）条約には、「途上国、特に最貧開発諸国の経済・社会の持続可能な開発」への協力が規定されていますし、途上国援助と同時にこれらの被援助国における人権尊重、法の支配と民主主義の発展にも寄与することが目的とされています[1]。

　また EU は SDGs の重要な構成要素となる ESG 情報の開示についても早くから取り組み、2014 年に ESG 情報開示についての EU 指令も制定しています。EU 法には規則・指令・決定という 3 つのレベルがあります。規則は国内法に優先して加盟国に直接適用される法であり、指令は加盟国に国内法化を指示する法です。決定は特定の対象に対してのみ効力をもつ限定的な法です[2]。ESG 情報の開示を定めたのは非財務報告指令（Non-Financial Reporting Directive）です。この指令は、国連の PRI で提起された ESG に関する情報の報告を企業

---

1 福田耕治・坂根徹『国際行政の新展開―国連・EU と SDGs のグローバル・ガバナンス』法律文化社、2020 年、116 ページ。
2 金子寿太郎『EU ルールメイカーとしての復権』日本経済新聞出版、2021 年、36 ページ。

に要請し、環境、社会、従業員、人権尊重、腐敗防止に関する情報、および取締役会の多様性に関する情報の開示を求めるものです。

2015年にSDGsがスタートして以降は、EUは「サステナブルな経済・社会の実現に向けたグローバルリーダーになることを目指すと標榜」して、ESGやSDGsに関する国際的な議論をリードしてきています[3]。

SDGsが始まって以降、EUはSDGsを政策の優先目標として、EUの幅広い国内外政策にSDGsを反映させてきました。EU委員会のジャン・クロード・ユンカー前委員長（任期2014〜2019年）は、SDGsをEUの基礎をなす指針として位置づけ、持続可能な開発の3つの側面である「環境」「社会」「経済」を新規の政策だけでなく既存の政策においても必須の考慮事項とするなど、EU政策におけるSDGsの主流化に取り組んできました。2017年にはEUの社会サミットで「欧州社会権の柱（European Pillar of Social Lights）」（労働市場における雇用機会の均等、公正な労働条件、社会保障の確保といった欧州型の社会モデルの強化に向けた20の基本原則）を採択し、EU加盟国に毎年、その進捗状況のモニターを課し、社会権の視点からの政策実施を求めてきています[4]。

（2）SDGsを戦略に組み込むEU

2019年からEU委員長に就任したウルスラ・フォン・デア・ライエン（任期2019〜2024年）は、こうした流れを引き継ぎ、SDGsを自身が主導するすべての政策、戦略、提案に組み込むとして、EU全体におけるSDGsの主流化をさらに加速させようとしています。EU委員長はEUの行政府を統括する役職で、EU大統領もいますが、実質的にはEU行政府の代表です。

フォン・デア・ライエンEU委員長は就任のために準備した自身のアジェンダ（政治的ガイドライン）[5]で、6つの政策を掲げました。

---

3 同上、152ページ。
4 日本貿易振興機構（ジェトロ）「欧州委員会におけるSDGsの位置づけとアプローチ」『海外ビジネス情報』2021年12月6日。
5 Ursula von der Leyen, "Political Guidelines for the Next European Commission 2019-2024". この政治的ガイドラインには "A Union that strives for more : My agenda for Europe"「一層の努力に向かう連合：ヨーロッパのための私のアジェンダ」という題名が付けられている。

「欧州グリーンディール」「人々のための経済」「欧州デジタル化対応」「欧州的市民生活の保護」「世界における強固な欧州」「欧州民主主義のさらなる推進」の6つです。この政治的ガイドラインではSDGsという言葉は1ヵ所しか使われていませんが、6つの課題はすべてSDGsを基礎にしています。フォン・デア・ライエン委員長の就任直後、SDGsへの取り組み方針が「国連SDGs実現への公約―包括的アプローチ」と題するEUの実務文書として公表されました[6]。

　そこでは、SDGsの取り組みがEUの政策全体に貫かれるとして、SDGsがEU政策の本質的（intrinsic）で中心的（heart）なものとして位置づけられています。文書の序では「「持続可能な開発」はEUの制定文書のコアとなる原則（Core Principle）であり、EUの国内外の政策の優先すべき目的である」「EUは世界の持続可能な開発の青写真となる2030アジェンダの具体化に尽力するものである」としています。そして「SDGsはEU委員長の政治プログラムの本質的な部分であり、あらゆる分野の内外の政策策定の中心となるものである」とし、EUがいかにSDGsの実現に力を入れているかを述べています。さらに「この実務文書は、EU委員会が、その内外の行動政策を通じて、持続可能な開発、2030アジェンダおよびSDGsへの取り組みをどのように前進させるかについて説明するものである」として、この文書の意図を提示しています。

　実務文書は、サブタイトルでEUのSDGsの取り組み方を「包括的アプローチ（Comprehensive Approach）」と呼んでいますが、文中では「政府全体アプローチ（"Whole of Government" Approach)」という名称で呼んでいます。EUは「経済、社会、自然環境にとってもっとも必要であり、もっとも効用をもたらす可能性のある変革的な変化（Transformational Change）」を求めていますが、そのためにはすべての側面にSDGsの実現を貫く必要があるということから、「包括的アプローチ」「政府全体アプローチ」をとるとしています。

　こうしたアプローチがEUのSDGsへの取り組みの"本気度"を示すもので

---

6 Commission Staff Working Document, "Delivering on the UN's Sustainable Development Goals – A Comprehensive Approach", November 2020. 「作業文書」と訳されるが、本書では政策の実務について述べているので「実務文書」という訳にしている。

あることはいうまでもありません。EU の変革的な政策はすべて SDGs の取り組みから生まれているといえます。

　そうした観点から、実務文書では、フォン・デア・ライエン EU 委員長の政治的ガイドラインにおける 6 つの政策と SDGs との関係を次の**図表 3** によって示しています。

　この図表は、EU の 6 つの政策が SDGs の 17 すべての目標を網羅するものであり、SDGs の特質である「環境」「社会」「経済」についての取り組みを統合的に推進するものであることを明確に示しています。この 6 つはすべての SDGs 目標を統合的に追求する政策であることから、その取り組み方を「包括的アプローチ」「政府全体アプローチ」と呼んでいるといえます。次に 6 つの政策について見てみましょう。

（3）EU の環境・経済政策

　第 1 番目の政策は「欧州グリーンディール」です。EU 委員会は、欧州グリーンディールを SDGs の実現に向けた戦略の重要な一環として位置づけており、SDGs の 17 の目標のうち 12 の目標に貢献するとしています。12 の目標は次の通りです。

　2. 飢餓をゼロに
　3. すべての人に健康と福祉を
　6. 安全な水とトイレを世界中に
　7. エネルギーをみんなに そしてクリーンに
　8. 働きがいも経済成長も
　9. 産業と技術革新の基盤をつくろう
　10. 人や国の不平等をなくそう
　11. 住み続けられるまちづくりを
　12. つくる責任つかう責任
　13. 気候変動に具体的な対策を
　14. 海の豊かさを守ろう
　15. 陸の豊かさも守ろう

図表3　EUが政策課題において取り組むSDGs	
欧州 グリーンディール	
人々のための経済	
欧州 デジタル化対応	
欧州的市民生活の 保護	
世界における強固な 欧州	
欧州民主主義の さらなる推進	

（出所）日本貿易振興機構（ジェトロ）「欧州委員会におけるSDGsの位置づけとアプローチ」『海外ビジネス情報』2021年12月6日。

　欧州グリーンディールは、2050 年までに EU の気候中立を目指すものであり、その目標達成のために EU 経済を、資源を有効利用する循環型のクリーンで競争力のある経済に転換させるという野心的な内容です。その政策にもとづき EU 委員会は 2021 年に、「欧州グリーンディール」の根幹となるものとして、2050 年までの気候中立の達成を法制化する「欧州気候法」を提案しました。2021 年 4 月には EU 理事会と EU 議会の正式な承認を経て、21 年 7 月に欧州気候法が施行されるに至っています。欧州気候法により、EU の 2030 年までの温室効果ガスの削減目標を 1990 年比で少なくとも 55％ としたことを受け、SDGs の達成に関連する様々な法案の立法プロセスが進行中です。

　欧州グリーンディールの課題は様々な分野に及んでおり、次々と新たな戦略や計画が提起されています。主要なものは次の通りです。

「EU メタン戦略」

　（温室効果ガスの 1 つであるメタン排出削減のため戦略）

「エネルギー・システム統合戦略」

　（縦割りのエネルギー・システムを統合する戦略）

「循環型経済行動計画」

　（サーキュラー・エコノミーを目指す経済行動計画）

「新産業政策」

　（「循環型経済」に向かうための次のような戦略を統合した産業政策）

　　「EU 洋上再生可能エネルギー戦略」

　　「持続可能なスマートモビリティのための包括戦略」

　　「EU 化学品戦略」「EU 繊維品戦略」

　　「リノベーション・ウェーブ戦略」等

「農場から食卓まで戦略」

　（環境汚染対策をふまえた持続可能な農・漁業のための戦略）

「生物多様性戦略」

　（自然保護と生態系の回復のための包括的な戦略）

こうした戦略や計画を見ると、欧州グリーンディールは、温室効果ガス削減による気候中立に向けた政策というにとどまらず、自然保護・生態系回復だけでなく EU 経済全体の根底からの変革を求める壮大な取り組みであることが分かります。その詳細についてはジェトロの調査レポートが伝えています[7]。

　第 2 番目の政策は「人々のための経済」です。社会的な公正と福祉を第一に位置づけ、貧困と不公正を根絶し、ヨーロッパ独自の社会的市場経済（社会政策を組み込んだ市場経済）を目指すとして、SDGs の 7 つの目標に寄与するとしています。

1. 貧困をなくそう
3. すべての人に健康と福祉を
4. 質の高い教育をみんなに
5. ジェンダー平等を実現しよう
8. 働きがいも経済成長も
9. 産業と技術革新の基盤をつくろう
10. 人や国の不平等をなくそう

　この政策では、金融面でのヨーロッパ銀行同盟（EMU）による金融支援の強化、課税面での「公正な課税」を目指すとともに、各国経済の年次成長戦略を新たに「年次持続可能成長戦略」に改め、各国のプログラムに SDGs の観点からの対策を盛り込むことを要請する施策を組み込んでいます。そのことによって EU 各国は政策立案に SDGs を組み込むことが義務づけられ、EU 委員会に毎年、SDGs の進捗状況を報告することが求められるようになりました。その中では、2017 年制定の「欧州社会権の柱」で提起された 20 項目の社会権についての進捗状況についてもモニターされることになっており、EU 経済を環境と人権を基軸とする新しい社会的市場経済へと変革する方向を示しています。

---

[7] 日本貿易振興機構（ジェトロ）「新型コロナ危機からの復興・成長戦略としての「欧州グリーンディール」の最新動向（2021 年 3 月）」『海外ビジネス情報』2021 年 3 月 16 日。

　第 3 番目の政策は「欧州デジタル化対応」です。EU が「欧州グリーンディール」とともに成長戦略のもう 1 つの柱としているのが EU のデジタル化です。これに対応する SDGs の目標は次の 2 つです。

　4. 質の高い教育をみんなに
　9. 産業と技術革新の基盤をつくろう

　EU は、アメリカのような巨大 IT 企業が個人情報を独占する社会、中国のような政府が個人を監視する社会ではなく、個人が政府や企業に対してプライバシー保護や高い透明性を求めることができるデジタル社会を目指そうしています[8]。EU は、人権や不平等の問題に抵触しない形で独自のデジタル主権を確立しようとしているのです。
　そうした独自の観点から、EU 委員会は 2020 年 2 月に発表した「欧州デジタル戦略」をもとに、EU 域内のデジタルスキルの向上やデジタルインフラの整備などに関する数値目標を規定した「デジタル・コンパス 2030」を発表するとともに、デジタルサービス法案などの重要法案を提案するなど、SDGs の実現に向けた法整備を進めています

（4）EU の社会政策
　第 4 番目の政策は「欧州的市民生活の保護」です。ヨーロッパ社会が築いてきた市民の生活とその価値を守り、平等と寛容、社会的公正を EU のコミュニティにおいて法や制度によって確立しようという政策です。SDGs の 4 つの目標がそれに対応しています。

　3. すべての人に健康と福祉を
　4. 質の高い教育をみんなに
　10. 人や国の不平等をなくそう
　16. 平和と公正をすべての人に

---

8 金子、前掲書、157 ページ。

第 5 番目の政策は「世界における強固な欧州」です。EU が、自由かつ公正な貿易や開発援助、気候・環境および労働の対策、平和の維持等においてグローバル・リーダーシップを果たすことを示した政策です。対応する SDGs の目標は「17. パートナーシップで目標を達成しよう」です。

　ある意味では、EU は SDGs を使って世界をリードしようとしているということができます。SDGs 実現のための諸制度を先んじて設計し実施していくことによって、そうした諸制度をグローバル・スタンダードにしようという意図もここにはあると見るべきでしょう。「制度間競争」における優位性を得ることで、EU の経済を発展させていこうとするしたたかな戦略であるといわなければなりません。

　第 6 番目の政策は「欧州民主主義のさらなる推進」です。EU 委員会と EU 議会との間の対話と連携を強めて、気候、エネルギー、社会および税制についての強固な合意を得ることを表明しています。そのためには偽情報やヘイト・メッセージを防ぎ、透明性と監視を強めることが必要であるとしています。関係する SDGs の目標は次の 3 つです。

5. ジェンダー平等を実現しよう
10. 人や国の不平等をなくそう
16. 平和と公正をすべての人に

　EU 委員会は「人々のための経済」と併せて「欧州民主主義のさらなる推進」の優先課題においても、SDGs に関連した法案を提案しています。委員会は、EU が 2017 年に採択した「欧州社会権の柱」を、気候中立やデジタル化への移行の公正公平な実施を担保するための戦略とし、SDGs の実現に向けた重要な枠組みとして活用するとしています。フォン・デア・ライエン委員長は政治的ガイドラインにおいて、SDGs の実現に向け「欧州社会権の柱」を推進すると明言しており、雇用、デジタルスキル、貧困など社会権に関連した共通目標の達成に向けた取り組みを加盟国に求める行動計画を発表しています。

　以上の EU の政策は、SDGs の実現と一体となった、EU における社会変革をめざす非常に変革的な取り組みであるといわなければなりません。次節で見

る日本の政策と比べても段違いの先進的な政策が推進されています。

（5）企業と証券・金融市場への規制

　EUにおけるSDGsを中心にした社会変革の取り組みの中で、重要となるのが企業や証券・金融市場に対する働きかけです。EU委員会は様々な企業と市場への協力を求める取り組みを行ってきています。

　EU委員会は、「企業の社会的責任」（CSR：Corporate Social Responsibility）に関する政策提案書を2001年に策定して以来、2011年にはCSR戦略を発表するなど、CSRに関する企業への働きかけを積極的に行ってきています。委員会は、社会、環境、倫理、人権、消費者等に関連する課題について、企業活動やその戦略に組み込むべき企業の責任としてとらえており、CSRへの取り組みはSDGsの実現に寄与するものだとしています。そうした中で、企業のCSRに対する取り組みは、2000年代はCSRや持続可能性に関する意識向上を中心とした活動でしたが、2010年以降は、持続可能性の概念の浸透を前提に、「持続可能な開発」を目指す活動へと移行していきました。2015年以降はSDGsの企業戦略への導入が本格化してきています。

　CSR Europeは、欧州企業のCSRへの取り組みを推進する業界団体と様々な非営利組織（労働組合、NPO、NGO）など利害関係者をつなぐプラットフォーム組織ですが、EU委員会の委員や高官などが講演する大規模イベント「欧州SDGsサミット」を毎年開催しています。CSR Europeは2030年に向けた戦略において、持続可能な将来への鍵となるのは企業の貢献であることを目指すべき方向性としてあげています。そして、「持続可能な原材料とバリューチェーン」「持続可能な市場と金融」「人々のための経済」を特に重視する分野としています。

　さらにCSR Europeは「持続可能な産業に向けた欧州協定2030」[9] を2020年に公表し、2024年までに欧州のすべての産業団体が成熟した持続可能な産業戦略を策定すること、2030年までに1万社の企業が同じセクター内の企業あ

---

9 CSR Europe, "The European Pact for Sustainable Industry: Making The Green Deal A Success".

るいはセクターの枠を越えて異なる分野の企業と協業すること、2024 年まで
に EU の政策立案者が包摂的かつ公平な競争環境の実現に向けた政策を実施す
ることを目標に掲げています[10]。

　そうした企業による自発的な協力の一方で、企業への規制策も具体化してき
ています。その 1 つはビジネスと人権に関する問題です。国連での 2011 年の
「ビジネスと人権に関する指導原則」の合意を経て国際条約化が検討されてい
る中で、欧米ではそれを待たずに企業における人権についての法制化が次のよ
うに進められてきました。

2010 年　アメリカ（カリフォルニア州）　サプライチェーン透明法
2015 年　イギリス　現代奴隷法
2017 年　フランス　人権デューデリジェンス法
2019 年　オーストラリア　現代奴隷法
2019 年　オランダ　児童労働デューデリジェンス法
2021 年　ドイツ　サプライチェーン・デューデリジェンス法
2021 年　ノルウェー　透明性・基本的人権およびディーセントワーク法

　名称は異なっていますが、いずれも国連の「指導原則」が提唱する人権規定
や人権デューデリジェンスの義務づけを求める法律となっています。すでに見
たようにビジネスにおける人権は SDGs 実現の重要な要素であり、こうした動
きはさらに、EU 全体で人権デューデリジェンスを法制化する方向に進んでき
ています。

　それを導いたのは NGO「企業正義を求めるヨーロッパ連合（European
Coalition for Corporate Justice）」による法制化への活動です[11]。20 年 9 月に
法案「企業におけるデューデリジェンスと説明責任」が出され、その後、EU
法（指令）として制定が検討されてきました。法案の検討の過程で、人権だけ

---

10 日本貿易振興機構（ジェトロ）『海外ビジネス情報』2021 年 12 月 6 日。
11「企業正義を求めるヨーロッパ連合（European Coalition for Corporate Justice）」は「戦
略的枠組」（Strategic Framework）において、「企業が人権、社会権、環境権を遵守するこ
と」が持続可能な世界を目指すうえで必要であるとしている。

でなく環境も一体化させることが提起され法案の内容が変更されました。この法案は、「環境のリスクは人権のリスクと密接に結びついている」として、人権だけでなく環境についてのデューデリジェンスも企業に義務づけており、人権と環境の双方の取り組みを求めるものになっています。それが環境についてのデューデリジェンスを一体化させた環境・人権デューデリジェンス法案で、名称は「企業持続可能性デューデリジェンス（Corporate Sustainability Due Diligence）」です。22 年 11 月には EU 委員会で採択され、EU 議会において EU 指令としての制定が目指されています。国連が「人権・環境の時代」へと転換してきたことは先に述べましたが、EU の取り組みはまさにそれを体現するものといえます。

　EU 法の制定後に各国での法制化が義務づけられることになれば、企業における人権の尊重は企業の自発性に依拠する段階から一挙に強制的な適用へと進むことになります。国連での国際条約化にも重要な影響を与え、SDGs 実現への大きな支えとなると考えられます。EU では「企業正義」（Corporate Justice）と「気候正義」（Climate Justice）を一体化して推進する局面に入りつつあるということができます。

　もう 1 つの規制策は情報開示です。EU は 2014 年に ESG 情報の開示に関する非財務報告についての EU 指令を発していることはすでに述べました。非財務報告指令（Non-Financial Reporting Directive）は、PRI で提起された ESG に関する情報の報告を企業に要請するものです。

　またそれとは別に EU は、2050 年までのカーボンニュートラルの実現のためのサステナブル・ファイナンスを導く情報開示策として、「EU タクソノミー」を 20 年 6 月に法制化しました。タクソノミーとは分類の意味であり、事業活動をグリーン（環境目標に貢献）か非グリーン（貢献なし）か、ブラウン（環境目標を阻害）か、に分けて報告することを企業や金融機関に求めています。EU タクソノミーも非財務報告と並ぶ ESG 情報開示の一環となっています。

　さらに 2014 年の非財務報告指令をより強化する法案の制定も図られ、2021 年にはサステナビリティ企業報告指令案（Corporate Sustainability Reporting Directive）が提起され、EU 議会で 22 年 11 月に制定されるに至りました（24 年から施行）。この EU 指令は、環境、社会、雇用、人権の尊重、汚職・贈収

賄の防止等について情報開示を強化するもので、対象は従業員数 250 名以上、売上高 48 億円以上、資産 24 億円以上の 4 万 9 千社の大企業・中堅企業へと広がっています。

　こうした ESG 情報の開示は、企業の環境・社会・ガバナンスに対する姿勢を市場・社会に示すものであり、開示を通じて経営姿勢の転換を企業に促す効果があるとされています。「企業正義を求めるヨーロッパ連合」は企業における人権の尊重とともに、説明責任の強化と非財務情報開示の強化・拡大を提起し、企業に変革を迫ろうとしています。ESG 情報の開示は SDGs を推進するうえでの重要な手段となるといわなければなりません。

（6）SDGs 実現のモデルとなる EU

　EU における SDGs の取り組みは 2030 アジェンダの「目指すべき世界像」を具体化していく先進的なものになっており、SDGs を血肉化し SDGs の内容をより豊富なものにしています。EU の先進的な取り組みの特徴を見てみましょう。

　第 1 の特徴は、SDGs の世界変革の目標を EU の社会変革の目標にブレークダウンして、その実現のための具体的な政策を体系化した点です。SDGs はビジョンと目標だけの宣言ですが、EU はそのビジョン・目標の実現へのプロセスと政策を創造的に作り上げました。フォン・デア・ライエン委員長の「政治的ガイドライン」と EU 委員会の実務文書「国連 SDGs 実現への公約―包括的アプローチ」はそれを具現化したものです。EU の社会変革は SDGs を基軸にして進められようとしており、EU は SDGs の実現に向けた取り組みの見本を示しています。SDGs の「世界を変える」目標は「EU を変える」取り組みとして血肉化されているといえます。

　第 2 の特徴は、そうした EU の取り組みにおいて、環境・社会・経済の 3 つの側面の統合を率先して図ろうとしている点です。EU の SDGs 推進のアプローチは実務文書の中で、「包括的アプローチ」「政府全体アプローチ」と命名されていますが、その名称には 3 つの側面の統合の意図が明確に表現されています。3 つの側面の統合の要となっているのが「欧州グリーンディール」です。気候変動対策、カーボンニュートラル実現の面でも EU は世界をリードす

る役割を担おうとしています。気候変動・環境問題への取り組みを基軸にすることが社会や経済の問題解決につながるという視点が非常に強く打ち出されています。3 つの側面の統合の方向性についても EU はモデルを示しているといえます。

　第 3 の特徴は、社会的な包摂の面についても、EU は民主主義や社会権の推進において先進的な取り組みを行っている点です。特に社会権についての取り組みは、2017 年の宣言「欧州社会権の柱」において 20 項目の社会権が提起されており、画期的なものとなっています。大いに参考になるので次に列挙しておきます。

　＜機会均等と労働市場への平等なアクセス＞
　　1．教育、訓練、生涯学習の権利
　　2．男女平等の権利
　　3．機会均等の権利
　　4．積極的な就業支援の権利
　＜公正な労働条件＞
　　5．安定的かつ適応性ある雇用の権利
　　6．賃金の権利
　　7．雇用条件と解雇の際の保護に関する情報の権利
　　8．労使対話と労働者の参加の権利
　　9．ワークライフバランスの権利
　　10．健康的で安全で十分な適応性のある労働環境とデータ保護の権利
　＜社会的保護と包摂＞
　　11．保育と子ども支援の権利
　　12．社会的保護の権利
　　13．失業給付の権利
　　14．最低所得の権利
　　15．高齢者の所得と年金の権利
　　16．医療の権利
　　17．障碍者の包摂の権利

18. 長期介護の権利
19. 住宅とホームレス支援の権利
20. 基本的サービスへのアクセスの権利

　社会権は社会における人間の生存にかかわるものですが、その多くは労働と生活に関する権利で、先進的な要求が権利として示されています。例えば「8．労使対話と労働者の参加の権利」では「労使は、経済政策・雇用政策・社会政策の策定と履行について、国の慣行に従って諮問を受ける権利を有する」として「労使対話」と「労働者の参加」が権利として提起されています。また「20．基本的サービスへのアクセスの権利」では、「すべての人は、水、衛生、エネルギー、輸送、金融サービス、デジタル通信を含む、良質な基本的サービスへのアクセスの権利を有する。そのようなサービスへのアクセスの支援は、必要な人々に提供されねばならない」としており、現代における社会生活の基礎とは何かを明示し、それを享受する権利を提起しています。20項目の社会権は人権尊重をさらに拡大し、民主主義をより一層深化させるものとなるでしょう。

　第4の特徴は、人権の実現を企業（資本）の領域にまで及ぼそうとしている点です。「企業持続可能性デューデリジェンス（Corporate Sustainability Due Diligence）」法案が制定される見通しとなっていますが、この法は人権と環境に関するデューデリジェンスを企業に義務づけるもので、国連の「ビジネスと人権」に関する人権理事会の合意を、環境問題とも結びつけて法制化するものです。企業における人権尊重が義務化されることは、企業の変革を促すものとなります。企業における人権の尊重は労働や生活についての社会権とも結びついて、企業をより社会的で公共的な存在へと変えていくことになると考えられます。EU企業はSDGsにも積極的に取り組んでおり、SDGs実現の取り組みは「EUを変える」と同時に「企業を変える」方向へと進もうとしているということができます。

　第5の特徴は、主要各国レベルでもSDGsを政策の中心に据え、SDGs政策を実施する体制（司令塔、予算、計画など）を構築しているという点です。スウェーデンやデンマークでは財務省、ドイツでは首相府、フィンランドでは国

家委員会、フランスではエコロジー転換省が司令塔の役割を果たし、大きな権限と予算をもって SDGs を推進しています[12]。各国では司令塔を決めて、EU の「全体政府アプローチ」的な方法のもとに大がかりな実施体制を作っており、市民団体を巻き込んだ SDGs の推進が取り組まれているのです。

　このような特徴を見ると、EU における SDGs は部分的ものではなく、EU 社会全体を変革する壮大な取り組みになっていることが確認できます。すべての領域に 2030 アジェンダと SDGs を浸透させ社会をより良いものにすることが大きな熱量によって進められています。そうした点から見れば、EU は「SDGs 社会」「脱炭素社会」の実現を目指しているということができます。

2．SDGs ウォッシュの日本

（1）日本政府の取り組み

　EU を中心とする欧米の SDGs の取り組みと比べて、日本の取り組みは大きく遅れており、様々な問題を抱えた状態にあります[13]。

　日本では 2016 年 5 月に、SDGs 推進本部が総理大臣のもとに全閣僚を構成員として設置され、16 年に SDGs 実施指針が決定されました（19 年に改定）。17 年には SDGs アクションプランが策定され、それ以降、毎年新たなプランが発表されています。そこには政府の重点施策として 3 本の柱と 8 つの優先課題が示され、それを日本の「SDGs モデル」と呼んでいます。それらは次のものです。

＜3 本の柱＞
① ビジネスとイノベーション—SDGs と連動する「Society5.0」の推進
② SDGs を原動力とした地方創生
③ SDGs の担い手としての次世代・女性のエンパワーメント

---

12 公益財団法人地球環境戦略研究機関「SDGs 推進に関する各国の実施体制及び方法の調査」調査報告書、2021 年 3 月。
13 高橋真樹『日本の SDGs—それってほんとにサステナブル？』大月書店、2021 年。

＜8つの優先課題＞

1．あらゆる人々が活躍する社会・ジェンダー平等の実現
2．健康・長寿の達成
3．成長市場の創出、地域活性化、科学技術イノベーション
4．持続可能で強靱な国土と質の高いインフラの整備
5．省・再生可能エネルギー、防災・気候変動対策、循環型社会
6．生物多様性、森林、海洋等の環境の保全
7．平和と安全・安心社会の実現
8．SDGs 実施推進の体制と手段

（2）日本の取り組みの問題点

こうした3本の柱と8つの優先課題は、取り組みの仕方を含めて大きな問題をはらんでおり、欧米のSDGsの取り組みに比して異質なものとなっています。

第1の問題点は、SDGsの基本骨格となる目標から大きく乖離（かいり）したものとなっている点です。SDGsの基本骨格は不平等・貧困・格差の是正、カーボンニュートラル（脱炭素）の追求ですが、3本の柱にも8つの優先課題にも、そうした骨格をなす課題を実現するための重要な目標が欠如しています。21年度のアクションプランの総論部分では「貧困・格差解消」の目標はなく、「子供の貧困対策」、「ディーセントワークの実現」は掲げられていますが、各論では、予算計上のないまま従来の一般的方針が書かれているのみです。「ディーセントワークの実現」に至っては各論での例示すらないのが実態です。子どもや女性、高齢者の貧困をいつまでにどのような方策でなくしていくかというSDGs目標はどこにもありません。結局、政府の従来の施策をSDGsに関連づけて並べ直すことが中心のアクションプランになっています。

第2は、SDGsを企業や地方における科学技術イノベーションについての目標に歪曲しているという点です。第1の柱は、SDGsをデジタル・トランスフォーメーション等による企業のビジネスチャンスを拡大する目標にすり替えており、変革抜きのイノベーションに矮小化しています。柱に掲げた「Society 5.0」は経団連が提唱する未来社会構想であり、それをSDGsの中心目標としているのです[14]。政府の第1の柱は、経団連の目標と一体的であり、

それを中心にして作られているといっても過言ではありません。こうした本来のSDGs とは異なるものを世界に発信すべき日本の「SDGs モデル」と称するのは、独善の極みです。日本の取り組みにおいて、基軸となる政府の SDGs 推進策はないに等しいといわねばなりません。

（3）日本政府に求められる SDGs 政策

　日本政府に求められるのは、本来の SDGs を実現するための政策と体制の構築です。この点では 19 年の実施指針の改定に際して、推進本部のもとに置かれた SDGs 推進円卓会議メンバーのうちの構成員有志から次のような提言が出されています[15]。

・SDGs 実施推進のための「司令塔」を設置し、権限と予算を与えること。
・日本における SDGs 推進のための目標およびターゲットを設定し、進捗度をレビューすること。
・そうした制度を担保するために、SDGs 推進基本法を策定すべきこと。

　しかし、こうした提言は採用されることなく、実施指針の改定は行われませんでした。日本では SDGs 実現のための「司令塔」は作られていません。EUでは EU 委員会そのものが SDGs を推進する「包括的アプローチ」「政府全体アプローチ」を掲げ具体的な政策を掲げる「司令塔」となっていますし、EU各国では主要な省庁を SDGs 実施の責任を果たす「司令塔」に指定しています。

　他方、日本では SDGs のとりまとめは外務省になっています。なぜかといえば SDGs は国連の政策であるからです。国連が要請するものなので窓口の外務省を担当とするというわけです。外務省は対外関係を扱う省庁なので、国内において SDGs 実現を進めるための「司令塔」にはなりえません（EU 各国でも外務省は窓口を担当）。日本ではそのような限界のある外務省を事務局とし

---

14 経団連の「Society 5.0」に対する批判については、友寄英隆『AIと資本主義—マルクス経済学ではこう考える』本の泉社、2019 年の第Ⅱ部第 5 章を参照のこと。
15 SDGs 推進円卓会議構成員有志「持続可能な開発目標（SDGs）実施指針改定に向けた提言」2019 年 9 月。

て、すべての省庁を横断する形でSDGs推進本部が作られています。推進本部長は首相ですが、推進本部は連絡会議的な性格の組織にとどまり、SDGsの実現に責任をもつ「司令塔」機能はどこにもありません。したがってSDGs実現のための権限と予算もついていません。

司令塔を設定して、権限と予算を付与し、そのもとでSDGs推進のための年次計画的な目標を設定するためには「SDGs推進基本法」のような法律の制定が必要となります。しかし、日本はそのような実質的な法的枠組みがない状態にあるといわねばなりません。毎年出されるアクションプランは各省庁のSDGsと思しき取り組みを寄せ集めたもので、SDGsの実現に向けて日本がどのような段階まで進んできたかを知ることは困難です。「世界を変革する」のがSDGsの目標ですが、残念ながら、日本では「日本を変革する」目標としてSDGsは取り組まれていないといわなければなりません。このままでは日本のSDGsはSDGsウォッシュに堕しかねません。

（4）日本企業によるSDGsの問題点

「世界を変革」し「日本を変革」するSDGsとなるかどうかは、政府・自治体がどのような政策を立て、企業がどのような取り組みを行うかによって大きく左右されます。日本での企業の取り組みの現状はどうでしょうか。

日本経団連はSDGsに積極的に取り組む姿勢を示していますが、その内容にはいくつかの問題があります。経団連は「企業行動憲章」改定版を2017年11月に公表しましたが、以前の版を大きく改定し、SDGsの推進を掲げるものとなっています。改定のポイントは次の通りです。

・サブタイトルを「持続可能な社会の実現のために」に変更。
・イノベーションにより持続可能な経済成長と社会的課題の解決を図ることを、新たに追加（第1条）。
・人権の尊重を新たに追加（第4条）
・働き方改革の実現についての表現を追加（第6条）
・自社・グループ企業に加え、サプライチェーンにも憲章の精神にもとづく行動を促す表現を追加（第10条）

　この改定は、「SDGs の達成」に向けて、第 4 条で「すべての人々の人権を尊重する経営を行う」、第 6 条で「従業員の能力を高め、多様性、人格、個性を尊重する働き方を実現する」として、SDGs 推進の姿勢を示しています。これまでの憲章になかった人権やディーセントワーク（と思われる）の課題について示したことは意義あるものといえます。しかし、憲章改定の前文でSociety 5.0 の実現を提唱し、第 1 条においてイノベーションの発揮を謳っている点は、SDGs の方向を歪曲しかねない大きな問題です。第 4 条で人権、第 6 条でディーセントワークに言及しながら、本筋はイノベーションに傾斜したSDGs を中心にしようとしています。なぜなら、前文で「経団連では、Society 5.0 の実現を通じた SDGs の達成を柱として企業行動憲章を改定する」と述べているからです。すなわち経団連にとっての SDGs は、Society 5.0 の実現を目指すことに事実上、収斂しているのです。

　イノベーションの意義を筆者は否定するものではありませんが、技術革新だけで SDGs は達成されません。人権の尊重やディーセントワークの実現は、SDGs の根幹でありイノベーションの前提となる課題です。人権尊重等が基本でそれにイノベーションが続くものでありその逆ではありません。経団連憲章は、多くの企業での SDGs の取り組みを、イノベーションを中心にしたビジネスチャンス拡大を目指す取り組みにそらすものになっています。

　帝国データバンクによる「SDGs に関する企業の意識調査（2022 年）」は、そうした日本の企業の SDGs への取り組みの特徴の一端を示しています[16]。この調査は、大企業・中小企業の計 1 万 1337 社からの回答にもとづくものです。「SDGs へ積極的」な企業は前年より 12.5 ポイント増え 52.2％となっています。その内「取り組んでいる企業」は 23.6％で、「取り組みたいと思っている企業は」28.6％です。SDGs に取り組んでいない企業は、「分からない」4.4％を除くと、72.0％という状況にあります。取り組んでいる企業の多くは大企業ですが、中小企業も含めて「取り組みたい企業」は前年に比べて増加しています。

16 帝国データバンク「SDGs に関する企業の意識調査（2022 年）」2022 年 8 月。

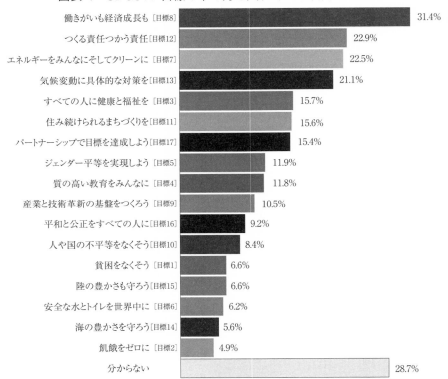

図表4　SDGs17目標の中の力を入れている項目（複数回答）

働きがいも経済成長も［目標8］	31.4%
つくる責任つかう責任［目標12］	22.9%
エネルギーをみんなにそしてクリーンに［目標7］	22.5%
気候変動に具体的な対策を［目標13］	21.1%
すべての人に健康と福祉を［目標3］	15.7%
住み続けられるまちづくりを［目標11］	15.6%
パートナーシップで目標を達成しよう［目標17］	15.4%
ジェンダー平等を実現しよう［目標5］	11.9%
質の高い教育をみんなに［目標4］	11.8%
産業と技術革新の基盤をつくろう［目標9］	10.5%
平和と公正をすべての人に［目標16］	9.2%
人や国の不平等をなくそう［目標10］	8.4%
貧困をなくそう［目標1］	6.6%
陸の豊かさも守ろう［目標15］	6.6%
安全な水とトイレを世界中に［目標6］	6.2%
海の豊かさを守ろう［目標14］	5.6%
飢餓をゼロに［目標2］	4.9%
分からない	28.7%

（出所）帝国データバンク「SDGsに関する企業の意識調査（2022年）」2022年8月。

　SDGsに取り組む企業が17の目標のどれに力を入れているかを示すのが次の**図表4**です。もっとも力を入れているのは「働きがいも経済成長も」ですが、経団連のSDGs事例集を見ると、実態は「働きがい（ディーセントワーク）」ではなくイノベーションによる「経済成長」を目指す取り組みがほとんどとなっています。目標の上位には、環境危機を反映して、気候変動対策の目標も入っていますが、他の多くはイノベーションとビジネスチャンスに関連する目標となっています。ジェンダー平等、平和と公正、不平等の解消、貧困や飢餓の撲滅、海と陸の環境保全などSDGsの基本骨格にかかわる目標は、いずれも下位となっていて、力の入った目標とはなっていません。

　政府や経営者団体が本来の SDGs を推進する姿勢と方策を示すことなく、科学技術とイノベーションの発展に SDGs の取り組みを矮小化しようとする現状では、企業に先進的な SDGs の推進を期待することはできません。その点で EU を中心とする欧米の姿勢は日本と大きく異なっているといわねばなりません。

3．EU と日本の SDGs の違い

　EU と日本を比較していえることは、EU は SDGs による社会の変革を目指しているのに対し、日本は SDGs を標榜しつつ大きな変革を望まず現状容認でやり過ごそうとしているのではないか、ということです。なぜそうした違いが出るのでしょうか。それは SDGs の骨格や特質をどう理解するかの違いであると思われます。

　日本政府の SDGs 実施指針は 3 つの柱と 8 つの優先課題を掲げていますが、そこには 2030 アジェンダや SDGs のキーワードとなる重要な部分が欠落しています。貧困、不平等（格差）、差別、公正、正義、人権、働きがい、などです。「あらゆる人々が活躍する社会・ジェンダー平等の実現」が第 1 の優先課題となっていますが、「ジェンダー平等の実現」は当初の実施指針（2016 年）には入っておらず、強い声に押されて 2019 年の実施指針の改定版で導入されました。実施指針の説明によれば、この第 1 の優先課題は SDGs の「1．貧困をなくす」「4．平等な教育」「8．働きがいと経済成長」「10．不平等（格差）の低減」「12．つくる責任 つかう責任」と関連しているとされています。

　しかし、その具体的施策を見ると、貧困については「子供の貧困対策」しかありませんし、ジェンダーについては「男女共同参画」という曖昧な施策が示されるのみです。不平等（格差）については項目すらありません。この優先課題は安倍内閣で提唱された「1 億総活躍社会」のプランが中心のものとなっています。どう見ても「貧困」や「不平等（格差）」に向き合っているとは思われません。それに続く 7 つの優先課題では「貧困」「ジェンダー」「不平等」の目標はまったく出てきません。結局。実施指針では、SDGs の基本骨格となるこれらの目標はきわめて存在感のない希薄なものとなっています。EU の政治

図表5　SDGs の目標間の相互関係

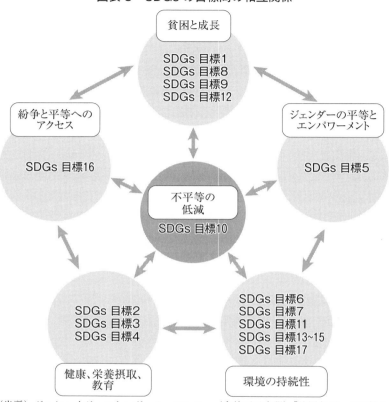

（出所）ヴェレ・イヴェット＝ポール・アルヌー（倉持不三也訳）『地図とデータで見る SDGs の世界ハンドブック』原書房、2020 年、15 ページの図に加筆。

的ガイドラインの６つの政策中の３つの政策が「不平等（格差）の低減」を重要な目標としていることと比べれば大違いです。

　　フランスのヴェレ＝アルヌーは著作の中で、SDGs の全体像を説明していますが、その中の図はヨーロッパでの SDGs 理解の特徴を端的に示しています[17]。それは**図表5**で表されています。

17 ヴェレ・イヴェット＝ポール・アルヌー（倉持不三也訳）『地図とデータで見る SDGs の世界ハンドブック』原書房、2020 年。

　図表は SDGs の目標がどのように相互に関係しているかを示すことで、SDGs の基本骨格を明らかにしたものです。何よりの重要な特徴は、SDGs の中心に目標 10 の「不平等（格差）の低減」が置かれている点です。他のすべての目標は不平等（格差）をなくすという中心目標との関係で配置されています。「貧困と成長」、「ジェンダー平等とエンパワーメント」、「紛争と平等へのアクセス」、「環境の持続性」、「健康、栄養摂取、教育」の目標群は「不平等の低減」を中心に相互に関連しあっています。この関連図に SDGs の基本骨格が的確に示されています。本書で述べてきた SDGs の特徴を見事に表した図であるといえます。

　残念ながら日本ではこのような SDGs の理解はされていません。日本の SDGs の取り組みは「不平等（格差）の低減」という中心目標を欠いたものといわざるをえません。実施指針の記述はそれを如実に証明しています。

　EU と日本の違いは、このような不平等（格差）という資本主義が招いた現代社会の根本的欠陥に取り組むかどうかという点に現れています。それに取り組む EU の SDGs は社会変革的なものとなり、それを軽視する日本の SDGs は変革性のない現状容認的なものとなっているということができます。私たちは日本の SDGs を SDGs ウォッシュ（もどき）の状態から本来の取り組みに変えていかなければなりません。

第3章　SDGs とマルクスの社会理論

1．SDGs とマルクス理論の創造的発展

　SDGs について第1章、第2章でその内容と特質を明らかにしてきましたが、そうした現象面での分析だけでなく、社会科学的なさらなる掘り下げが必要です。本章と次章ではカール・マルクスの理論についての研究にもとづき、マルクスの視点から SDGs をどう見ることができるかについて検討してみたいと思います。

　本書は、マルクスの理論によってこそ SDGs の全体像について本質的な把握が可能となると考えています。その場合、マルクスの理論の新たな展開や拡張が必要になります。SDGs という現代における最先端の現象を解明するには、理論の創造的な発展が求められるからです。この章では SDGs をより深く理解するための理論的な仮説を提起しています。その仮説についてはいくつかの研究に依拠して展開しますが、マルクス理論の体系的な研究を意図するものではなく、あくまでも試論の域を出るものではありません。マルクスの視点からの SDGs 論を提示し、そうした研究の出発点を画することができればと考えています。

　以下では、マルクスの社会理論とは何かについて明らかにし、次章でその社会理論において SDGs がどのように位置づけられるかについて検討します。そこでは、SDGs の4つの特質である、世界の変革、自然・社会・経済の統合、すべての人間の社会的包摂、人権の実現、についてマルクスの視点からどう見るべきかを考察します。さらにそれらは、マルクスの変革論とどのような関係にあるか、端的にいえば SDGs はマルクスの視点から革命的なものとなりうるか否かを明らかにするつもりです。第1章で SDGs は資本主義の改善策に過ぎないと述べましたが、マルクスの資本主義変革論から見て SDGs は改良か革命かという問題について検討してみたいと思います。

２．マルクスの社会理論とは何か

（１）マルクス社会理論の骨格

　マルクスの社会理論は、これまで史的唯物論として展開され、生産力と生産関係、土台と上部構造などの概念によって社会の歴史的発展が説明されてきました。そうした諸概念が有効であることはいうまでもありません。そのうえで、SDGsという現代的な現象を明らかにするには、さらにそれを補うために社会理論の枠組みを広げていくことが必要であると考えられます。新たに生起する現実の諸事象に向き合って理論を深めていかねばなりません。そのためには、マルクスが社会をどうとらえようとしていたかについて、初期から後期に至るマルクスの骨格となる理論にもとづいて検討する必要があります[1]。

　マルクスが体系的に論じたのは経済（資本主義）の部分についてであり、『資本論』とその完成までに書かれた『資本論草稿集』等に集約されます。その中にもマルクスの社会のとらえ方は現れていますが、残念ながらマルクス自身による社会理論の体系化はなされていません。マルクスの社会理論は経済理論の前提となる一般理論の性格をもっており、マルクスの社会理論とは何かを解明することは今日もなお重要な課題であるといわなければなりません。

　マルクスの社会理論は、『ヘーゲル国法論批判』『経済学・哲学手稿』『経済学批判要綱』を通じて初期から中期に至り展開され、後期の『資本論』へとつながっていきます。その理論的格闘の中から、マルクスは「矛盾論的社会システム」（矛盾や対立が絡み合って発展するシステム）として社会をトータルに把握するに至りました[2]。

　『ヘーゲル国法論批判』（以下、『国法論批判』）は、完結した絶対的な社会システムに歴史を帰着させる観念的なヘーゲル国家論を批判したものです。その批判のうちにマルクスの社会システム把握の全課題と積極的な対案の原型がす

---

1 本章で述べるマルクスの社会理論は、有井行夫『マルクスの社会システム理論』有斐閣、1987年に多くを負うものである。有井は「社会システム理論」と呼んでいるが、本章では「社会理論」として筆者の独自の視点も加えて論じている。
2 マルクスは、有機的に編成された体系（制度、体制）という意味でシステム（System）という用語を多用している。詳しくは有井『マルクスの社会システム理論』36−41ページを参照のこと。

でに含まれています。その中でマルクスはヘーゲルの弁証法を乗り越え、自らの弁証法を確立しました。『経済学・哲学手稿』（以下、『経哲手稿』）は、『国法論批判』の課題提起を受けて、矛盾論的社会システムのシステム原理たる「本質的矛盾」を、生きた諸個人の一般的あり方である「労働する諸個人」のうちに見出します。そして労働する諸個人における「疎外された労働」がシステムを発生させる根源となり、「私的所有」を生み出すものとなることを明らかにしています。『経済学批判要綱』は、「私的所有」の内的構造を「交換価値と使用価値」の矛盾の統一として明らかにし、商品一般から、貨幣、資本、資本の諸形態へと進む展開を、矛盾論的な統一を媒介するものとして根拠づけています。

　『経哲手稿』から『経済学批判要綱』に至る理論的かつ実践的な考察のうちに、マルクスの社会システムのトータリティと総体性が明らかにされています[3]。そうした初期から中期にかけての研究を通じてマルクスは社会理論の骨格を明らかにしましたが、社会理論の骨格を貫くものが「矛盾論的統一」と「疎外」です。

（2）社会における「矛盾論的統一」

　そもそも自然や社会は、様々な矛盾（対立）が相互に前提し合いながら否定し合うことによって運動し発展しています。現実の生きた矛盾は運動や発展の原動力となりますが、それは弁証法的矛盾と呼ばれます[4]。矛盾の運動の中で、矛盾が対立し否定し合いながらも、形態として統一した状態を形成することを「矛盾論的統一」といいます。

　例えば、自然における生命は「矛盾論的統一」によって成り立っています。生命はタンパク質の存在様式ですが、そのタンパク質は物質代謝を行うことのできるタンパク質であり、絶えず「形成」されるとともに「分解」されています。化学的には「同化」とともに「異化」が行われており、生理学的には「摂取」とともに「排泄」が行われています。対立的要素が矛盾し合って運動

---

3 同上、27 ページ。
4 勤労者通信大学『基礎理論コース』テキスト、2022 年、82－86 ページ。

していることが生命活動を生んでいるわけです。つまり、生きつつしかも死んでいるという「矛盾論的統一」にあるのが生命の存在形態です。

　同じように、人間も様々な対立的契機を内包する運動体であり「矛盾論的統一」が貫かれる存在となっています。そして、人間が生み出す社会も、連鎖的で階層的な「矛盾論的統一」を形成しています。人間は共同体の段階から商品の生産・交換の経験を経て「商品社会」（商品を中心とした社会）を生み出しますが、商品は使用価値と交換価値（価値）という対立的契機を矛盾（対立）としてもつ存在です。使用価値と価値という対立的矛盾を含みつつ形を成しているものが商品です。したがって、商品は使用価値と価値という矛盾する契機を統一する形態であり、商品は「矛盾論的統一」として存立しているということができます。

　「矛盾論的統一」は、対立的契機を統一的な形態として保持するものですが、いつまでも続く安定したものではありません。矛盾（対立的契機）は不断に運動し続ける過程的存在であるので、統一した形態を変容させて新たな「矛盾論的統一」を生み出していきます。それが弁証法的発展といわれるものです。使用価値と価値という矛盾を統一するのは商品ですが、商品のままでとどまることはできません。商品は自己の内包する価値の契機を貨幣として自己の外部に自立化させ、自身は使用価値として貨幣に向き合う新たな関係を作り出します。使用価値と価値の矛盾・対立の運動は商品形態だけにとどまることを許さず、貨幣形態を生み出し、貨幣の登場によって「矛盾論的統一」の新たな段階が生まれることになります。そして貨幣は資本を生み出し、資本のもとで社会における「矛盾論的統一」が形成されますが、それが資本主義です。以下では、資本主義を資本を中心とした社会という意味で「資本社会」と呼ぶことにします。

　このように人間が生み出す社会は、「矛盾論的統一」を段階的・階層的に生み出しながら社会を構造化していく「矛盾論的システム」として存立しているのです。

（3）社会を生み出す「疎外」

　こうした矛盾の運動をマルクスは「疎外」としてとらえました。「疎外」と

は、主体である自己によって生み出されたもの（客体）が自己と対立する疎遠な存在となり、今度は生み出されたものが主体となって生み出したものを支配することをいいます。「矛盾論的統一」には、生み出されたものが生み出したものに対立して主体化する疎外の運動が貫かれています。「矛盾論的統一」は社会の変化・発展をもたらす矛盾の側面に焦点をあてたものですが、それを人間という主体の活動の視点から見たものが「疎外」です。「疎外」においては、客体の主体化、主体と客体の逆転が重要な問題となります。

　例えば、人間は共同体の段階を経て商品を客体として生み出しますが、生み出された商品は主体となって人間の共同的関係を解体し「商品社会」を形成して人間を支配するようになります。人間が自ら得ることのできないものを交換によって得ようとする長い歴史的過程（共同体の解体）の中から、商品が生まれてきます。はじめは主体である人間が生み出した客体に過ぎない商品ですが、次第に商品が主体となって人間を翻弄するようになります。客体である商品は主体化して、本来は主体であった人間を支配するようになるのです。

　次に商品は主体となって客体である貨幣を生み出しますが、今度は客体であった貨幣が主体となって商品を支配するようになり、主体となった貨幣は資本へと発展します。このように主体が疎遠な客体を生み出し、逆に支配されていく運動を「疎外」というわけです。

　主体となった資本（貨幣）は「資本社会」（資本主義）を形成し、人間と自然を支配するようになります。資本主義への到達は疎外の完成をもたらし、疎外の頂点に立つ資本は人間社会と自然環境を支配します。資本主義がどのように疎外の頂点に立ち疎外を完成させるかについて明らかにしたのが『資本論』です。マルクスの疎外論の展開の中で『資本論』を位置づけることが必要です。

　マルクスは『経哲手稿』の中で資本主義から未来社会への移行について「人間の自己疎外である私的所有の積極的止揚としての共産主義」を提起しました（マルクス『経済学・哲学手稿』大月文庫、145ページ）。また『経済学批判要綱』では、資本主義に続く将来社会を「諸個人の普遍的な発展」による「自由な個体性」が開花しうる社会として明らかにしました（マルクス『資本論草稿集』第1巻、大月書店、138ページ）。『資本論』は将来社会が「真の自由な国」となる

ことを示し、資本主義の構造とその転換について解明しました（『資本論』第 3 部、大月書店版、1051 ページ）。つまり「疎外」は資本主義において頂点に達し、次の段階として「疎外の克服」「疎外からの回復」へと向かわざるをえないということをマルクスは明らかにしました。

　疎外を理解するうえで重要なことは、疎外をもたらす要因が人間の生命活動にあるということです。岩佐茂は「疎外は、人間の活動によってひき起こされるもの」であり、そのためマルクスの疎外論は自己疎外論であるといっています[5]。岩佐は、「疎外論と人間本質論とは表裏の関係にあり」、マルクスは「人間の本質を、自らの身体的・精神的諸力を発揮する活動においてとらえた」とし、人間の生活は「自然との物質代謝（物質循環）をおこなう生命活動の人間的形態にほかならない」としています。そして「疎外は、人間の生活活動とその所産が人間にとってよそよそしくなり、人間に対立し、人間を支配する事態をさしている」と述べています[6]。人間は自分の活動によって自分を疎外する、すなわち自己疎外することになるわけです。

（4）労働による疎外と物象化

　人間の生活活動の中核は労働であるので、労働が疎外を生む主要な動因であるということができます。商品社会の中で人間が労働力を商品として売り、それを買った資本（貨幣）が労働から生まれる剰余価値を搾取し、資本の蓄積を通じて労働に対する支配を強めていく関係こそが「疎外」です。「疎外」が生み出される前提となるのは私的所有と資本ですが、「疎外」の発生の起点は労働にあります。労働による疎外が私的所有や資本を生み出し、生み出された私的所有や資本が次には前提となって労働の疎外を推進していく弁証法的な構造がここには現れています。

　マルクスは『経哲手稿』の「疎外された労働」の中で、労働の疎外の特徴について論じています。

　① 労働者は、労働の生産物が資本家のものとなることにより、労働者を支

---

5 岩佐茂編著『マルクスの構想力―疎外論の射程』社会評論社、2010 年、25 ページ
6 同上、12 - 13 ページ。

配する敵対的な対象（資本）を生み出す疎外を引き起こすこと。「労働者は
みっちり働くことがより多ければ多いほど、彼が自分の向こうにつくりだす疎
遠な、対象的な世界は、それだけいっそう強力」となるとマルクスは述べてい
ます（『経済学・哲学手稿』99ページ）。

　② 労働者は、労働の生産物と疎外関係になるので、それを生産する労働の
活動そのものの中でも疎外を引き起こすこと。労働は外的なものとなり、労働
者は「労働のなかで自分を肯定せず、否定し、快く感じず、不幸と感じ、なん
ら自由な肉体的および精神的エネルギーを発展させず、彼の肉体を苦行で衰弱
させ、彼の精神を荒廃させる」とマルクスは書いています（同上、102ページ）。
こうした疎外によって労働は、労働者の意図とは異なる活動となるのです
が、それをマルクスは労働者の「自己疎外」であるとしています。

　③ そしてそのような疎外された労働によって、人間を類的存在（人間が共
同して生きる存在であること）・類的生活（人間が共同的な生活を必要とする
こと）から疎遠にさせ人間の類的本質（人間のもつ共同的な本質）からの疎外
を引き起こすこと。「疎外された労働は人間から、（1）自然を疎外し、（2）人
間自身を、人間の自己の活動的機能を、人間の生活活動を疎外することによっ
て、それは人間を類から疎外する」とマルクスは述べています（同上、105ペー
ジ）。人間が自然と接し自由に創造的に生産することが妨げられることが「自
然からの疎外」であり、本来の共同的な生活活動が生活していくためだけの個
人的生活に変質させられることが「生活活動からの疎外」です。

　④ そうした疎外全体の帰結として、人間からの人間の疎外が引き起こされ
ること。「人間から彼の類的存在が疎外されているという命題は、ある人間が
他の人間から疎外され、また彼らの各々が人間的本質から疎外されている、と
いうことなのである」とマルクスは書いています（同上、108ページ）。

　つまり労働が対立物である資本を生み出し、その結果、労働者が資本の支配
を招き、人間全体が人間らしい生活から引き離され、人間の本質を失っていく
のです。そうした中で、人間社会は「疎外」によって変化・発展して資本主義
へと至り、資本主義は様々な法や制度を通じて支配システムを形成していきま
す。その意味で、人間は「疎外」を通じて「矛盾論的社会システム」を生み出
してきたということができます。生み出されたシステムは物象化して、あたか

も人間とは無関係の事物や関係、制度となります。疎外が物象化を招いたのです。社会システムは社会的諸関係・諸形態として物象化し、人間を支配・抑圧するようになり、その支配・抑圧は「政治的国家」という形態を必然化します。そうした疎外は社会や国家の物象化をもたらすことから、「疎外」は「物象化」と一体であるということができます。疎外論と物象化論の関係は、「生きた個人を主体とした把握が疎外論であり、個人にたいして自立化した社会を主体にした把握が物象化論である」と見ることができます[7]。

（5）疎外の克服と陶冶、自己否定

　このように矛盾の運動と「矛盾論的統一」によるシステム形成は「疎外」の過程として現象するのですが、社会の構造を「疎外」の展開として見ることは、資本主義による「疎外の完成」を経て「疎外の克服」「疎外からの回復」に向かう社会の道筋をとらえることにつながります。

　「疎外の克服」とは何でしょうか。人間が生み出したのが「疎外」ですが、「疎外」は人間に様々な「自己犠牲」や「難行苦行」などの苦しみを与えることになります。それに対して人間は「人間的な感覚と性質の完全な解放」（同上、152 ページ）を求めて「疎外」を克服するために闘わざるをえません。したがって「疎外の克服」は疎外から生じるあらゆる「不幸」や「不自由」や「荒廃」をなくすための運動となって現れます。そうした運動が拡大する中で、次第に「疎外の克服」は資本が支配する社会システムの改革や転換へと向かうことになります。「疎外の克服」が進むことによって「疎外からの回復」が図られるのです。マルクスはそれを「自己疎外の止揚」（同上、141 ページ）であり、「人間的な解放と奪還」（同上、162 ページ）であるとしています。

　「疎外の克服」においては、主体となる人間が「陶冶（とうや）」され、疎外をもたらす客体（主体化した客体）の「自己否定」が図られなければなりません。「疎外の克服」のためには「疎外された形態のうちに含まれている肯定的契機」を見ることが重要です[8]。「疎外」の中に「可能態」として「肯定的契機」があ

---

7 有井、前掲書、277 ページ
8 岩佐、前掲書、35 ページ。

り、それを現実化するために闘うことが「疎外の克服」につながります。可能性の状態にとどまっている「肯定的契機」を現実的なものとするには、人間自身が疎外を克服する主体として育たなければなりませんし、その人間の力と運動によって疎外をもたらすもの（資本主義）の中の「肯定的契機」を顕在化させて「疎外」を転換しなければなりません。それが「陶冶」と「自己否定」です。

　「陶冶」とは、人間の能力や素質を伸ばし人間的成長をもたらすことをいいます。「疎外」の中には、人間を発達させる可能性と条件が潜在的ですが存在しています。「疎外」は「商品社会」においては共同体に依存していた人間に個人としての人格をもたらし、「自由」や「平等」の観念を与えます。「資本社会」においては機械制大工業の展開の中で、労働の社会化を生み出し労働者の能力の発達を促します。しかし、そうした意識や能力の発達の可能性をもたらしたとしても、現実的なものへ発達させるかどうかは主体の運動次第です。人間は「疎外の克服」を意図した運動に取り組む中で、「陶冶」を図ってきました。「疎外」がもたらす「陶冶」の可能性を「疎外の克服」の中で現実的なものとして勝ち取ってきたということができます。

　「自己否定」とは何でしょうか。「自己否定」とは、矛盾を含んだ自己が、矛盾の展開とともにこれまでの自己の状態を続けることができず新しい段階へ転換しなければならなくなることをいいます。事物・事象の中には、現状を維持しようとする契機とともに新たな発展へとつながる契機が対立しつつ存在していますが、新たな発展への契機が強まることによって自己の状態を変革する「自己否定」が生じるのです。

　マルクスは、資本主義にはこうした「自己否定」へと向かう傾向が先行する生産様式以上に存在するとして、『経済学批判要綱』の中で次のように述べています。

　　「この傾向（自己否定の傾向—引用者）は、—これは資本がもつ傾向ではあるが、同時に、一つの極限された生産形態としての資本自身に矛盾し、だからまた自らの解体へと資本を駆り立てていく傾向なのであって—資本をそれに先行するいっさいの生産様式から区別すると同時に、資本はたんなる通

過点として措定されている、ということをうちに含んでいる」(『資本論草稿集』第2巻、大月書店、216－217ページ)

　こうした資本主義内部にある「自己否定」の傾向を顕在化させることが「疎外」からの克服を可能にします。「疎外の克服」を果たすには、疎外を頂点にまで高めた資本の「自己否定」が不可欠となりますが、しかし「自己否定」は自動的に生じるわけではありません。「陶冶」された人間が客体の内部の矛盾に働きかけて、「自己否定」を起こさざるをえなくさせることが必要となります。

　資本主義はその内部に「自己否定」の要素をもち、様々な運動による資本主義の批判が生じるごとに、「自己否定」を余儀なくされます。「工場法」の制定はその「自己否定」の1つです。『資本論』は、工場法は「社会がその生産過程の自然発生的な姿に加えた最初の自覚的な計画的な反作用」であると述べています(『資本論』第1部、大月書店版、626ページ)。「疎外の克服」の運動(労働運動や社会運動など)が「自己否定」を引き起こすわけです。「自己否定」は漸進的に進む場合もあれば飛躍的に起きる場合もありますが、「自己否定」によって資本主義の内部に新たな社会を準備していくのです。

　「自己否定」によって変革が進むという観点が重要です。変革は何か別のものに取り替えるということではありません。資本主義の変革は、資本主義の内部に生まれる新しい要素を運動を通じて強め、資本主義を維持し支配を貫こうという要素を弱めることによって進むのです。

　つまり資本主義に「自己否定」を起こさせて「自己否定」を迫るということが変革の方向となります。資本主義の「自己否定」とは資本主義の改革を意味します。未来の社会は資本主義の「自己否定」の中から姿を現すと見なければなりません。それがどのようなシステムとなっていくかは、「自己否定」を追求する過程の中から明らかになっていくと考えられます。

　人間社会の発展は、「疎外の克服」の運動を通じて、人間の「陶冶」と「自己否定」によって疎外を「止揚」する過程として進んでいきます。「自己否定」により疎外を「止揚」する運動へと発展した時に、「疎外からの回復」が可能となるのです。

以上のように、マルクスは「矛盾論的統一」「疎外」「陶冶」「自己否定」という視点から社会を把握し、社会理論を展開していったと見ることができます。そうした視点に立ってマルクスはどのように人間と社会・自然をとらえていたのかを次に検討しましょう。

3．疎外が生み出す社会の構造

（1）社会の段階的構造

社会が形成される段階を段階的構造として次のような**図表6**で表すことができます。

図表は、主体が対立的な客体を生み出す「疎外」の関係がどのように展開していったかを、一番下の「自然」から上に向かう「人間」「商品」「貨幣＝資本」への段階として示したものです。左側が主体、右側が客体を表し、主体が客体を産出する「疎外・対立」の関係を双方向の白い矢印が示しています。斜め左上に延びる黒の矢印は、客体が主体化し、次の主体となる客体の転化を表しています。この図は、産出されたものが産出したものに対立して自立化するという、疎外の関係が貫かれる矛盾論的統一のシステムを示しています[9]。こうした「矛盾」と「疎外」の運動の図は、人間社会が歴史的に形成される段階を表しています。また、歴史的な段階にとどまらず、私たち人間が不断に再生産している社会の断面図を表してもいます（その点については図表7で説明）。

（2）自然と人間－共同社会

一番下は、自然が特殊的自然としての人間を生み出す段階です。始原となる「自然」自体が、熱と光、エネルギーと質量、融合と分裂、化合と分解というような様々な矛盾の統一体ですが、生命の誕生による生物史的段階を経て、やがて人間を生み出します。生み出す主体は普遍である自然であり、生み出される客体は特殊な自然である人間です。生み出された人間は、生命一般とは区別される「自己意識」をもつ特殊な自然として普遍的な自然に対峙します。人間

---

9 有井、前掲書、149ページ。

図表6　疎外が生み出す社会の段階的構造

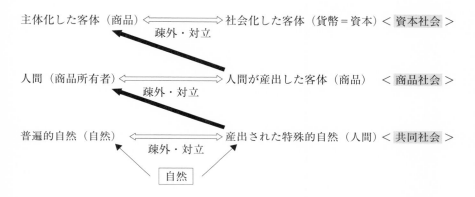

(出所) 有井『マルクスの社会システム理論』148‑149ページの図10、11にもとづき筆者が作成。

は自然に対して意識的に向き合い、自然を加工し、時には破壊する存在になります。自然の側からすれば、自らに対立する人間（特殊な自然）を産出する「自然の自己疎外」であるということになります。

　生み出された人間は自らの生命活動のために「共同社会」を形成します。自然を加工する生産活動（労働）は、類的存在（共同性）を本質とする人間相互の関係行為（共同的行為）なしには存在しません。そして生産における組織的な関係行為が社会を生み出します。人間が本質的にもつ「自己意識」はそうした関係行為を通じて「社会的意識」として発展します。「共同社会」は原始共同体の形態をとって誕生し、長期にわたり存在しつづけます。やがて歴史的には共同体が解体されて階級社会となり奴隷制社会、封建社会、資本主義社会へと発展していくわけですが、それは生産活動を中心に経済学的観点から焦点を当てた見方です。

　本書では、「共同社会」が解消されるわけではなく、「共同社会」は社会の根底に階層的構造の基礎として存在しているという視点に立っています。図表が示す「疎外」の展開は先に述べたように「人間的本質」によりもたらされます。人間の本質は、「人間‑自然と人間‑人間関係という相互に媒介された二重の関係のなかで問われなければならない」のであり、「「人間の生活」は相互

71

に媒介されるこの二重の関係のなかで営まれるから」です[10]。人間の二重の関係とは、生産活動（人間－自然）と生活活動（人間－人間）の関係を指します。生命を維持する人間の生活活動は「生産を媒介とした衣食住の充足を共同でおこなう」活動であり、人間同士の関係で行われます。衣食住の充足を共同で行うのは家族やそれを支える様々な結びつきや組織です。そうした共同はコミュニティや地域社会において今日においても維持・形成されていることはいうまでもありません。また、自然やコモン（共有財産）と呼ばれる社会的・文化的なインフラ（水、電力、医療、教育など）が共同を支える基盤となっていることも見ておかねばなりません[11]。

　人間の生産活動は次に述べるような「商品社会」「資本社会」を生み出していきますが、それは自然が産出した人間の生命活動のうちの人間－自然の関係における側面です。生産活動（労働）は「疎外」の動因となり、人間の共同性を「商品社会」や「資本社会」において否定していきますが、人間のもう１つの生命活動である生活活動は共同性なしには成り立ちません。「商品社会」「資本社会」は人間の生活における共同性を歪め解体する側面をもちますが、「共同社会」の側面が消え去ることはありません。そうしたことは、社会の発生の根底に自然を置き、そこから産出される人間の本質にもとづき社会形成の構造を解く社会理論によってはじめて鮮明になります。本書がマルクスの社会理論を基礎に置くことが重要であると考えるのはそうした点です。

　共同社会が私たちの社会の重要な構成部分であることを確認することによって、ケアやジェンダー、人権などの課題が生まれる必然性や共有財産となるコモンを守り管理することの重要性を理解し、それらに取り組む意義を認識することができると考えられます（こうした点は後に説明）。

（3）人間と商品—商品社会

　次は人間が商品所有者となって「商品社会」を形成する段階です。人間は共同体の段階から生産力の向上とともに、商品の生産・交換を行うようにな

---

10 岩佐、前掲書、35 ページ。
11 待鳥聡史・宇野重規編著『社会のなかのコモンズ—公共性を超えて』白水社、2019 年。

り、やがて商品市場を生み出します。人間の衣食住が自給自足によって支えられる段階から、売買により得られる商品によって充足される段階が生まれます。人間は商品を客体として生み出すことによって人間が商品所有者という主体となり、生産活動を通じて「共同社会」の中から商品所有者同士が関係をもつ「商品社会」が生み出されます。共同体の生産活動では、共同体のために労働する人間は共同体と一体のままで、自立的な人格をもった個人は存在しませんでした。しかし、人間が商品所有者になると、商品を作る労働はそれまでの社会的（共同的）労働ではなく、自分の生活のための私的労働に変わります。また作られた商品は共同の所有のものではなく、私的に所有されるものとなります。

　人間は商品を生み出すことによって、社会的労働を私的労働に、共同体的所有を私的所有に変容させます。そして商品を交換し合う商品市場が生み出されます。商品市場はあくまでも商品同士の交換が目的であり、人間同士の交流は目指されていません。本来の社会は人間同士の共同の関係を本旨とするはずですが、商品市場では「物と物との関係」に変わります。商品という物が主体となる社会が「商品社会」であり、主体であった商品所有者である人間が客体である商品によって支配される社会が「商品社会」です。これは人間の労働が生み出す「疎外」です。社会の基礎に「共同社会」の側面を有しつつ、共同性を解体する「商品社会」を生み出し続けるのが今日の社会であるといっても過言ではありません。例えば「共同社会」の生活活動において無償であった家事労働（食事、保育、介護等）の一部が有償の商品やサービスに変わっていくような「商品化」の事例は枚挙にいとまがありません。

（4）商品と貨幣・資本－資本社会

　商品が貨幣を生み出し、貨幣が資本に転化するのが次の段階です。商品は使用価値と価値との矛盾論的統一によって存立していますが、この矛盾を解決するために、価値そのものの体化物として特殊な商品である貨幣を生み出します。それによって「商品→貨幣→商品」という商品交換の媒介を担いますが、やがて貨幣は商品に対立し自立化することによって「貨幣→商品→貨幣」という関係を生み出します。交換の形態をとっていますが、この関係が意

味をもつためには、始点の貨幣よりも終点における貨幣の価値の増大が図られなければなりません。この関係において商品は貨幣の増殖を媒介する手段の位置におとしめられます。これは客体である貨幣が商品に対立して商品の運動を支配するようになる「商品の自己疎外」です。そして生み出された貨幣は増殖する資本となります。「疎外」の展開は今や頂点の資本に達し「疎外の完成」へと進みます。生み出された資本は社会の主体となって社会と自然を支配するようになりますが、それが資本主義社会です。資本が主体となって支配する社会は「資本社会」です。

　自然から始まり「共同社会」「商品社会」「資本社会」へと至る段階は、歴史的発生過程を示していますが、その「疎外」の展開は現在の社会の生きた断面を示すものでもあります。この図の段階的（歴史的）な構造は階層的（論理的）な構造でもあります。主体となった資本は階層的な「疎外」の構造を不断に再生産していると見なければなりません。「資本は自然の自己疎外であり、人間の自己疎外であり、商品の自己疎外である」ということができます[12]。つまり資本の支配は自然を疎外し、人間を疎外し、商品を疎外し続けているのです。

4．社会の階層的構造・社会的意識・国家

（1）自然と社会の階層的構造

　そうした段階的な疎外の産出構造を、自然と社会の階層的構造として図示したのが**図表7**です。この図表は図表6が自然と人間社会における疎外の展開によって段階的・歴史的に社会の構造が生み出される過程と構造を明らかにしたのに対し、疎外によって生み出された社会が階層的な構造を成し、人間社会が総体的にどのような構造となっているかを示すものです。

　図表は、一番下の「自然」から上へ「共同社会」「商品社会」「資本社会」の順に階層化した社会の構造を示しています。「疎外」の展開によって、「自然」から「共同社会」が生まれ、「共同社会」から「商品社会」が、「商品社

---

12 有井、前掲書、153ページ。

図表 7　自然と社会の階層的構造

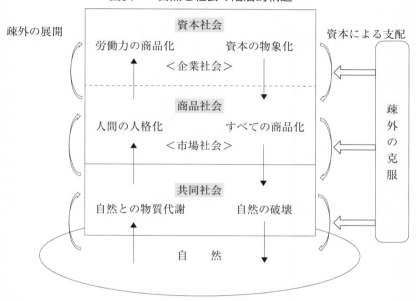

（出所）筆者作成

会」から「資本社会」が生まれる関係を図示しています。そうした社会の発展は「人間の自己疎外」によってもたらされたものです。人間の社会は「自然」を根底に置く「共同社会」「商品社会」「資本社会」の階層から成り立っており、そうした側面が関係し合いながら存在しているのです。しかも単なる階層ではなく、頂点に立つ資本によってシステム的に統一され支配される総体的な構造を成していると見なければなりません。

　「自然」と「共同社会」の関係では、自然と人間の物質代謝が基底において存在し、物質代謝が社会を根底から支えています。しかし自然から生み出された人間は物質代謝の循環によって生命を維持しながら、それに対立して自然を収奪し破壊するという疎外をもたらします。疎外の頂点に立つ資本は自らの増殖のために自然を蕩尽し、物質代謝の攪乱をもたらすようになります。

　「共同社会」と「商品社会」との関係では、社会の基礎にある共同性は家族やコミュニティ、コモンに残るとしても、共同によって育まれていた物や行為

を商品化していき、商品を中心に運動する「商品社会」が形成されます。それは＜市場社会＞と言い換えることができます。「商品社会」では、人間と人間の関係が「物と物との関係」に変質しますが、それは他方では、人間諸個人の人格化をもたらします。商品社会では、共同体にあった共同的所有が解体され、人間が商品所有者として相互承認し合う私的所有が形成されます。共同体と一体であった人間は人格なき存在でしたが、商品市場においては商品所有者という人格をもった存在となります。商品社会において人間は、法形式上、人格をもつ自由で対等、平等な存在となるのです。その点では「疎外」は人間を「陶冶」する側面をもつものとしてとらえられます。とはいえ、商品社会はすべてを商品化することで人間を孤立化した私的人間に変容させており、私的人間のままでは社会の統一性を確保することができません。そこで人間は法や制度によって社会を維持する仕組みを作り、社会を統一的に編成する政治的国家を形成します。

　「商品社会」と「資本社会」の関係では、「資本社会」の形成が商品による貨幣の産出にもとづくものであることはすでに述べましたが、図表ではさらに「労働力の商品化」を示しています。貨幣が資本に転化するには、「貨幣→商品→増殖貨幣」というように始点から終点への過程において貨幣の増殖が必要となります。貨幣が増殖するには購入した商品が交換価値以上の価値を生むものでなければなりません。価値を生む商品となるのが「労働力商品」です。労働者が売る「労働力商品」を搾取することによって増殖する貨幣、すなわち資本を生むことになります。そうして産出されるのが「資本社会」ですが、資本社会は実体的には個別資本である企業が中心となる＜企業社会＞です。資本は企業という形態をとって物象化（実体化）し、企業が今日の資本主義社会を支配する存在となります。

　人間（労働者）がその活動（労働）を通じて資本を生み、生み出された資本が人間を支配・抑圧するという「疎外」の完成形態が資本主義社会です。「資本社会」は疎外の展開の到達点であり、資本の誕生とその主体化によって人間の疎外は頂点に達して完成を迎えます。マルクスの社会理論は、総括的にいえば、自然から始まり資本に到達する「人間の自己疎外」によって社会が作られていることを明らかにしたということができます。

　人間と自然に対する資本の支配は様々な問題を引き起こします。それは「疎外」から生み出される否定的な諸形態です。そうした疎外による否定的諸問題を解決するために「疎外の克服」が求められねばなりません。「疎外の克服」のために、それぞれの階層に生じる諸問題を解決するための運動が生まれてきます。例えば「自然」においては自然環境を保護し環境破壊を防ぐ運動、「共同社会」においては生活を守り新たな共同性（アソシエーション）を構築する運動、「商品社会」「資本社会」においては不平等や格差などの経済的な歪みをなくす運動などが求められます[13]。そして単発の運動にとどまらず、資本の支配をトータルに覆す総体的で統合的な運動が重要となります。それらは様々な課題、領域での変革となり、社会のあり方を変える社会変革へと発展していきます。

　「疎外の克服」は資本の自己否定を引き起こすことで、頂点に達した資本は、「疎外の自己否定」へと進まざるをえません。資本の支配を覆す総体的な運動は、資本の自己否定を促す運動です。現代は、そのような資本の自己否定をどのように現実化するかが問われる段階であるということができます。というのは、資本の自己否定が資本主義の胎内で進みつつあるからです（資本の自己否定については企業の変革という問題として第5章で検討）。

　そうした意味で、現代においては人間社会における「疎外」を克服し「疎外」からの回復を目指すことが可能となりつつあるといえます。マルクスの社会理論は「人間の自己疎外」の総体を解明するとともに、「疎外の克服」の展望について明らかにするものです。様々な階層・レベルでの疎外の克服、資本がもたらす疎外の克服が必要となりますが、総体としての「疎外の克服」は端的にいえば「人間の本質の回復」「人間性の再生と発展」にあるといわねばなりません。したがってマルクスの社会理論は「人間性と人格」を基軸とした理論であるということができます[14]。

---

13 マルクスは、アソシエーションを「自由な諸個人の共同体（結合体）」を意味するものとして、未来社会を目指す言葉として使っている。詳しくは、大谷禎之介『マルクスのアソシエーション論——未来社会は資本主義のなかに見えている』桜井書店、2011年参照。
14 その先駆的研究となったのは、芝田進午『人間性と人格の理論』青木書店、1961年。

（2）社会的意識と国家

　図表6、図表7では矛盾の発展、疎外の展開という視点から、人間による社会や経済の産出構造を見てきました。それだけでなく人間社会の形成と統一には、さらに社会的意識と政治的国家が表裏一体で伴います。

　そうした人間社会と社会的意識、政治的国家（以下、国家）の関係を示すと図表8のようになります。

　図表7では、自然のうえに成り立つ人間社会を「共同社会」「商品社会」「資本社会」の階層的構造として示しましたが、人間がそのような社会を形成するには「社会的意識」を媒介としなければなりません。自然が産出した人間は「自己意識」をもつ特殊な自然です。人間の自己意識は言語を生み、コミュニケーションの相互的な関係により共同的な生命活動（生産活動、生活活動）が営まれるようになります。生命活動を通じて結ばれる人間同士の関係が社会です。その際「自己意識」は「社会的意識」を生み出します。そして「社会的意識」は統一されて「社会的意思」となり、それが社会を統制・管理する国家・権力を生み出します。

　図表8は、図表7では省略していた「社会的意識」と「国家」を社会の構造に加えて示したものです。社会は「社会的意識」「国家」を含んだそれらと一体のものと考えられるので、図表8は図表7の

図表8　社会と社会的意識・国家の関係

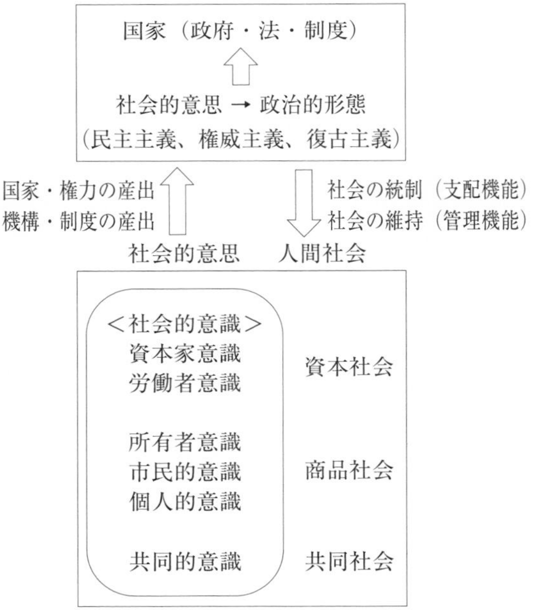

```
　　　国家（政府・法・制度）
　　　　　　　　⬆
　　　社会的意思 → 政治的形態
　　　（民主主義、権威主義、復古主義）

国家・権力の産出 ⬆　⬇ 社会の統制（支配機能）
機構・制度の産出 　　 　 社会の維持（管理機能）
　　　社会的意思　　 人間社会

　＜社会的意識＞
　資本家意識
　労働者意識　　　　資本社会

　所有者意識
　市民的意識
　個人的意識　　　　商品社会

　共同的意識　　　　共同社会
```

（出所）筆者作成。

78

社会の階層的構造における構成要素を明らかにするものとなります。

　社会は社会的意識と表裏一体の関係にあることから、図表では、人間社会の枠内に社会的意識を囲みの中に入れて一体であることを示しています。社会的意識は多様な意識を統合して社会的意思へと発展します。社会的意思は人間の組織化をもたらし、その組織化が国家（権力・制度）を生み出します。国家も社会と一体的な関係にあり、社会が形成されるには、その社会を統制し管理する権力的な装置である国家が必要となります。社会は社会的意識と国家によって成り立っているといわねばなりません。このような関係は、これまでも土台－上部構造の概念によって説明されてきました。

　図表にあるように「共同社会」には共同的意識が対応します。歴史的には原生的な共同体が、プリミティブな神話や宗教などによる共同的意識を媒介に、首長や神官の統治のもとに形成されます。やがて、生産力の上昇により富が蓄積され共同体同士の抗争・戦争が各所で起きるようになると、そうした混乱を権力（暴力）による支配、制度による管理を通じて解決するために国家が誕生します。その後、人類は古代社会、中世社会、近世社会の段階を経て、近代の資本主義へと至りますが、その間、様々な形態の古代国家、中世国家、近世国家が登場してきたことはいうまでもありません。

　人類がたどった近代までの長い歴史は、大きく俯瞰すると共同体の変化・解体の過程であったと見ることができます。血縁・地縁にもとづく共同的意識がその歴史的過程の基礎にあるからです。血縁・地縁にもとづく共同が、古代、中世、近世における様々な社会形態、国家形態の骨格部分を成していると考えられます。こうした変遷は共同が次第に疑似的で観念的なものに変わっていき、解体していく過程でもあります。共同的意識も宗教や道徳規範の形態をとって、支配－被支配の身分秩序を伴う社会的意識へと変化していきます。その共同体解体の過程では、むき出しの暴力が支配する国家が様々な形態で形成されました。このような古代から近世に至る歴史的過程においては、人間は共同体の紐帯から解放されておらず、人間の人格的な確立は果たされることはありませんでした。

　そうした共同体の解体は、都市の形成や商業の発展の中で部分的に進みますが、最終的な共同体からの解放は資本主義によってもたらされます。社会が古

い共同社会から脱していくのは資本主義の発展によるものです。ただし、すでに述べたように、人間の共同的意識や共同社会の要素が人間社会の基礎に存在し続けることも確認しておかなければなりません。類的存在である人間の生命活動は本質的に共同的なものだからです。それまでの古い共同社会は、人格の自立性を欠いた血縁・地縁による共同性によって形成されてきましたが、現代においては独立した人格同士の新たな共同性が形成されてきています。人間の共同的な生命活動が古い共同性ではなく新しい共同性（アソシエーション）によって支えられることが必要になってきます。資本主義の発展は、古い共同社会を解体していきますが、新しい共同社会の形成を求めてもいるのです。

　資本主義が「共同社会」のうえに、新たに「商品社会」「資本社会」を生み出すことについてはすでに述べた通りです。図表では古い「共同社会」が解体され「商品社会」が形成されることで、個人的意識、市民的意識、所有者意識が生まれることを示しています。そして「資本社会」はさらに労働者意識、資本家意識を生み出します。そうした意識の総合が社会的意識となり、社会的意思が形成されます。社会的意思とは人間諸個人をどのように組織化するかという統一的な意識です。人間の自己意識が社会的意識へと発展し社会的意思を生み出すのです。このような意識と意思の形成も、生み出された社会的意思が個人に対立し個人を支配するという意味では「疎外」でもあります。社会的意思は「疎外」によって生み出される実体的な社会的諸関係・社会的諸形態を反映したものとなります。

　そして社会的意思は政治的形態をとり国家を生み出します。どんな社会でも社会を管理する機能やそのための装置（政府・法・制度）が不可欠ですが、対立する階級や支配－被支配の関係が存在するかぎり、支配と統制がもたらされます。支配は権力的で暴力的なものになる傾向をもっており、運動はそれと闘わねばなりません。そうした資本の支配を抑え込むには、社会的意識、社会的意思、国家を変えていかねばなりません。それに対する変革は社会変革の重要な一環となる意識変革、政治変革として展開されます。特に、国家をめぐる政治変革は社会のあり方を上から変える大きな役割を果たし、社会変革を仕上げる位置にあります。とはいえ、政治変革にすべての解決をゆだねることはできません。政治変革が先行することもありますが、社会が根本的に変わっていく

には、様々な社会変革が総体として進んでいくことが必要です。

　そして何よりも意識変革により社会的意思を変革することが決定的な要素となると考えられます。人間が疎外の克服に向かう場合、疎外の状況を認識し自覚することが出発点となり、疎外は人間を鍛え上げる陶冶を進める役割を果たします。資本主義は、「商品社会」の形成を通じて、人間諸個人を原子化（ばらばらに）しますが、他方で自由な人格を生み出し、運動を通じてアソシエーションを生み民主主義を発展させます。また「資本社会」の形成を通じて、資本は労働者を搾取・支配しますが、労働者の協業、労働の社会化を生み出し、絶えざる生産過程の科学的・技術的な革新の中で労働者の知的な陶冶を促進します。疎外の状況を認識することによって、疎外された社会的意識、社会的意思を変えていくことが可能となります。そうした可能性を資本主義自体が生み出しているという点がマルクスの社会理論の核心であるといえます。

第4章　マルクスの視点から見るSDGs

1．マルクスの社会理論から見たSDGs

（1）マルクスの社会理論の意義

　前章でマルクスの社会理論について検討してきました。従来の生産力と生産関係、土台と上部構造、経済的社会構成体などの概念は有効ではありますが、マルクスの社会理論はそれを補い、より包括的に社会をとらえるものです。そうした社会理論についてはさらに研究を深めることが必要ですが、自然を含む人間社会の構造をとらえる社会理論には重要な意義があると考えられます。

　第1の意義は、自然と人間社会を総体的にとらえているということです。従来の理論は経済の面に焦点を当てているので、自然と人間との関係を理論の中に十分に組み込むことができていませんでした。マルクスは、経済の面について『資本論』等で体系化を果たしますが、初期から後期に至るマルクスの意図は社会を総体としてとらえることに主眼があったと見なければなりません。特に、自然から人間社会が生まれ、社会が資本の社会へと発展していく過程と構造を、「矛盾論的統一」「疎外」「陶冶」「自己否定」などの概念でトータルに把握しえたのはマルクスをおいて他にはありません。現在もなお、マルクスの社会理論は自然と社会の全体をとらえることを可能としています。

　斎藤幸平は『大洪水の前に』でマルクスの晩期における環境問題や共同体問題についての理論的営為に光を当て、マルクス理論の新たな展開を示唆しました[1]。これまでのマルクスの研究においてそうした問題の検討が不十分であったといえます。しかし、晩期になってマルクスが明らかにしたというわけではなく、マルクスは総体的な社会理論を意図し環境問題や共同体問題への視点を初期からもっていたと見なければなりません。自然（環境）や人間社会（共同体）の問題を、マルクスは理論の骨格部分において一貫して認識していたとい

---

1 斎藤幸平『大洪水の前に─マルクスと惑星の物質代謝』堀之内出版、2019 年。

うことができます。

　第2の意義は、そうした社会の総体的把握によって、現代の諸問題にどのように取り組むかについての解明が可能となるという点です。現代の諸問題は、自然と人間社会を貫く「疎外」から生み出されており、そうした「疎外の克服」は自然と人間社会の全般にわたる課題となります。疎外の頂点に立つ資本（企業）をどのように変革するかという問題も「疎外の克服」において重要な課題となります。また「疎外の克服」は資本の「自己否定」を通じて進むので、資本主義が自己の中から生み出す新たな要素によって、どのように変革へと進んでいくかの道筋についても明らかにしなければなりません。マルクスの社会理論はそうした社会変革のあり方を解明する能力をもっています。

　第3の意義は、マルクスの社会理論は現代的な理論問題についても課題を投げかけているという点です。重要な問題を列挙すれば次の通りです。

・人間の本質的な生命活動を二重のものとして、生産活動だけでなく生活活動も含めて考えること。生産における活動は「労働」であるが、生活における活動は「ケア労働」として位置づけるべきあり、「労働」概念を拡張することが必要である。広義の労働概念が定立されれば、人間はほぼすべて労働する諸個人として位置づけられるのではないか。
・人間社会の基礎に「共同性」が存在し、「共同社会」が概念的にも実体的にも存在していると見るべきこと。「疎外」によって共同性が脅かされるが「陶冶」によって新たな共同性が生み出されるのではないか。「ジェンダー平等」はそのような枠組みにおいて新たな共同性の問題として運動課題となるのではないか。「ケア」も人間の新たな共同性の中心概念となるのではないか。
・そうした人間の本質（共同的性質）を自然と人間との関係から位置づけること。人間と自然の物質代謝は人間の共同行為によって成り立っているので、それが人間社会を発生させる起点となり、人間社会の発展が自然に対立する「疎外」を生み出していくのではないか。自然環境の保全・回復、気候変動への対処が、疎外された生産力（資本による収奪的・破壊的な生産力）を転換させ人間の本質の回復につながるのではないか。

こうした課題の検討はマルクスの理論を深め拡張するものとなると思われます。マルクスの社会理論の研究は、マルクス理論の新たな発展を導くことになるのではないでしょうか。

　第4は、マルクスの社会理論が社会変革の展望についても新たな視点を提起していることの意義です。変革は一般には政治変革が中心となるものとして理解されますが、マルクスの社会理論は政治変革を含む包括的な変革を求めています。「自然」の場面では自然環境の保全・保護のための運動や個人のレベルでの行動変容の取り組みも必要ですし、「共同社会」のレベルでは共同を求めるまちづくりやコミュニティ作りも重要となります。ジェンダーやLGBTの差別をなくすための運動や意識改革も大きな課題です。共同性を回復し再生する変革は人権尊重の運動の拡大によっても担われます。「商品社会」においては、消費生活のスタイルを見直す生活改革が求められますし、商品市場への様々な規制が課題となります。「資本社会」においては、労働の権利と尊厳のためのディーセントワークを確立するための改革が重要となります。そして何よりも企業の変革が大きなテーマとなります。企業を社会的かつ公共的な存在へと転換していく課題は、社会全体を貫く疎外克服のための要の位置にあると考えられます。

　このような様々な運動や取り組みは、政治変革に収まらない多様な社会変革であると見ることができます。またそれらの様々な変革が統合的に行われることの重要性も示しています。その場合、意識変革が非常に重要な役割をもっていることも前章で明らかにしました。そうした変革は人間の本質を回復するための変革であり、疎外を克服するための変革であるということができます。

（2）マルクス社会理論とSDGs

　マルクスの社会理論を検討してきましたが、その視点からSDGsを見た場合、SDGsはどのように位置づけられるでしょうか。

　マルクスの社会理論の根底にあるのは、自然と人間との関係です。その関係は、自然による人間の産出、自然の自己疎外であり、人間と自然の物質代謝であることを明らかにしました。そして、人間の生命活動を基礎に人間社会が人間の自己疎外の結果として形成されていくことを解明しました。自然と人間社

会の関係を基礎に置くという点ではマルクスの社会理論とSDGsは共通しています。SDGs（パリ協定を含む）は、気候変動に対処し地球環境を保護・再生することが人間社会の持続可能な発展の基礎となるとしています。特にEUの「欧州グリーンディール」の取り組みは、そうした気候変動と環境破壊への危機意識から生まれています。私たちがそのような認識に達しSDGsへと至ったことはマルクスの社会理論から見てきわめて妥当であり、必然的な方向であるということができます。

　マルクスの社会理論は自然と人間社会の総体的な連関と構造を示していますが、SDGsも環境・社会・経済の諸問題の統合的解決をめざしています。環境・社会・経済の３つの側面の統合は、第１章の図表１ウェディングケーキ・モデルで表されています。SDGsの環境・社会・経済の統合的把握は、図表７の自然と社会の階層的構造における、自然・共同社会・商品社会・資本社会での疎外のとらえ方と相似するものです。SDGsの３面の統合性が生まれる根拠は、マルクスの理論によってはじめて説明可能となるということができます。先に述べた３面の統合がなぜネクサス・アプローチとして進化していくのかという問題は、マルクスの理論によってより本質的に解明することができるのです。

　またSDGsはすべての人間の包摂を謳っていますが、マルクスの社会理論も疎外からの人間の本質の回復を論じています。人間性の再生と発展は、すべての人間にかかわる課題です。すべての人間が取り残されることなく、SDGsの恩恵をすべての人間が享受すべきことをSDGsは特質の１つとしていますが、それは人間の疎外からの解放を考えるマルクスの理論と合致しています。すべての人間を包摂する思考はマルクスのものでもあるのです。

　さらにSDGsにおけるすべての人間の社会的包摂は、民主主義や人権尊重の拡大ともつながっています。次節で検討するマルクスの変革論は社会理論にもとづくものですが、マルクスの目指す変革は民主主義の拡大を重要な柱としていました。また人間の権利の拡大も、「工場法」のような法制度の制定とともに大きな運動の課題でした。マルクスの提起した「人間の本質の回復」は、民主主義や人権尊重を実現するうえで理論的な根拠を与えているということができます。

　このように見ると、SDGsの特質である、環境・社会・経済の３面の統合、

すべての人間の社会的包摂、人権尊重の拡大、はいずれもマルクスの社会理論の中で位置づけられるものであるということができます。世界変革という特質については次節で見ますが、SDGsの取り組みは、多くの点でマルクスの社会理論に沿った疎外克服の運動としてとらえることができます。マルクスがその社会理論で提起した要素が、SDGsとなって顕在化し、SDGsの取り組みとなってマルクスが描いた社会変革の一端が実現しつつあるといっても大げさではありません。現実がマルクスの理論の示した方向をたどり始めているのです。

2．マルクスの変革論とSDGs

（1）マルクスの変革論とは何か

　SDGsを考えるうえで、さらにマルクスの変革論（資本主義変革論）からどのように位置づけられるかが重要な論点になります。そのためにもマルクスの変革論がどのようなものであるかについての検討が必要です。

　マルクスの変革論についてもマルクス自身による総括的な理論化はなされていません。また変革（革命）をめぐるマルクスやエンゲルスの議論も当時の時々の状況の中で様々に提示されていて、必ずしも一貫したものではありません。社会理論や経済理論とは異なり、変革論は眼前の政治状況に対して対処的で政策的な性質をもつものなので、その時代の政治的・社会的関係を反映して限定的なものになりがちです。

　今日でもマルクスの変革論をめぐっては、社会主義・共産主義の展望（可能性）も含めて議論は様々な状態にあります。そうした中で、マルクスの変革論の重要な構成要素として「民主主義論」があるという点については、共通の理解が存在すると考えられます。

　芦田文夫は『「資本」に対抗する民主主義』において、「民主主義」を基軸にマルクスの変革論について考察しています[2]。芦田によれば、19世紀には「民主主義」と「社会主義」は同種のものであるとの認識が社会主義の提唱者だけでなく、それに対する批判者たちによっても広く共有されていました。またマ

---

2 芦田文夫、『「資本」に対抗する民主主義』本の泉社、2021年。

ルクスは 1848 年のブルジョア革命に『新ライン新聞』の編集を通じて参加しますが、同新聞に「民主主義の機関紙」という副題をつけていましたし、1871年のパリ・コミューンに際しては、「真に民主主義的な諸制度の基礎をあたえた」と論じました[3]。マルクスの中では「民主主義」は大きな変革の課題であったと考えられます。

　芦田は、そうしたマルクスの変革論には2つの問題軸があるとしています。

　　「1つは、資本による労働さらに社会全体への包摂・支配、そのさいの資本と国家の関係など、「資本」概念の展開に関わる問題軸、もう1つは、その対極にある「人民・民衆」あるいは「市民」、つまり人間主体の「生活」－「労働」概念の展開にかかわる問題軸である」[4]。

　そして「この2つの軸にそっては、資本－賃労働という階級関係とより広い人間・諸個人－社会全体の相互関係とが重なりあいながら、問われていかなければならない」と述べています[5]。芦田はその2つの軸の結節点となるのが「自立した諸個人のアソシエーション」という概念であるとしています[6]。

　本書で先に検討したマルクスの社会理論は、芦田の2つの問題軸の中では、「より広い人間・諸個人－社会全体の相互関係」という、後者の問題軸に沿った変革論に近いと思われます。疎外の克服を骨格とした社会変革論は、前者の階級関係よりも広い視点からのものであるからです。しかし、マルクスの社会理論が後者の問題軸だけにもとづくものというわけではありません。マルクスの変革論は総体的なものであるので、芦田が提起した「資本－賃労働」の階級関係にもとづく変革論も包括される点を確認する必要があります。

（2）人間－社会、資本－賃労働の2つの問題軸
　本書は、マルクスの社会理論は、人間－社会の相互関係だけでなく資本－賃

---

3 同上、24－25 ページ。
4 同上、6 ページ。
5 同上、40 ページ。
6 同上、6 ページ。

労働の階級関係も包括する総体的な変革論であると考えています。その点を以下で検討してみましょう。

　「資本－賃労働」の階級関係にもとづく変革論は「階級闘争論」ですが、その理解をめぐっても様々な議論があります。一般には、支配階級である資本家に対して、支配・抑圧される労働者階級が「敵」とする資本家階級に挑む政治・経済・思想文化闘争の全体を「階級闘争」と呼んでいます。専制主義的・権威主義的な国家において権力をもつ支配階級に対して、抑圧・弾圧される国民・市民が行う闘争は現在も地球上で多く存在しており、それも広い意味での階級闘争ですが、本書では「資本－賃労働」の関係を基礎とした闘いを階級闘争と定義します。しかし、現在において「階級闘争」の内実と形態は大きく変化していると考えられます。

　現代における資本家階級、労働者階級とはどのようなものでしょうか。資本は実際には企業という形態をとっているので、企業における資本家像を明らかにする必要があります。マルクスは、次章で見るように、貨幣資本家が企業（株式会社）の外部にいる一方、内部には生身の機能資本家はいなくなると考えていました。企業を動かす機能資本家は人間にとって代わり物象化した「企業それ自体」となり、企業に雇われる経営者が資本家の代わりに指揮・管理するようになるとマルクスはいいます。生身の資本家は企業にはおらず、物象化した「企業それ自体」が資本家となり、それに従う経営者や上級管理者が資本家的な搾取・支配の機能をもつ存在となります（詳しくは第5章参照）。そうした物象化した資本とそれを支える人たちを資本家階級として定義し直すことが必要です。

　他方、貨幣資本家は、生身の人間として証券・金融市場において配当や利子、キャピタルゲインを求める集団として存在しますが、貨幣資本家の方も次第に物象化して金融機関やファンドなどの法人の形態で存在するようになります。私たちの身の回りにいる個人投資家は少額の貨幣資本をやりくりする金利生活者であって、彼らを貨幣資本家と呼ぶことはできません。一方、ひと握りの富裕層や高額所得者は巨額の貨幣資本の担い手として貨幣資本家と呼ぶに値すると思われます。

　そうした視点からすれば、資本のシステムと「資本の魂」（『資本論』第1

部、大月書店版、302ページ）をもってそれを動かし権力によって支える人たちを現代の資本家階級であると見ることができます。ただし、資本家階級を固定的な人間集団と見るべきではありません。資本は物象化したシステムへと発展しているので、物象化した資本を対抗すべき主要な相手と見なければなりません。そのシステムを支え奉仕する人たちは、「資本の魂」はもったとしても労働者でもあるので、企業の変革の中で変わっていく可能性のある人たちです。出自は労働者であるので、「資本家的労働者」を「資本家的」でないものに変えていくこと、「良き経営者」「民主的な経営者」に変えていくことが重要な課題となります。資本家が資本のシステムという物象化した存在となっていることに力点を置いて資本家階級という概念を再構成していくことが重要です。

　労働者階級についても大きく変化しています。今日においては労働の概念を広くとらえることが必要です。かつては労働を生産的労働としてとらえ、それに従事する労働者が労働者階級の主体であると考えられていました。剰余価値を生み出す労働者が資本との対決の中核でした。実際に労働組合やその他の労働組織が労働者階級の担い手とされてきました。その後、労働は非生産的労働、サービス労働、知的労働というように経済・産業構造の変化の中で多様な形態で広がり、公務労働や教育労働など行政面での様々な活動も労働としてとらえられていきました。

　さらに現代において問題となっているのはケアにかかわる労働です。ケアは生殖、育児、保育、生活扶助、介護などの人間の生命活動・生活活動に関わる活動です[7]。その多くは家庭内で営まれる無償の労働ですが、今日では一定の部分が有償のサービス労働に移行しています。こうした労働はケア労働と呼ばれます。共同社会の中の生命活動が商品社会の領域に取り込まれ、商品化された労働としてとらえられるようになりました。労働が人間の生命活動全般に広がっているということでもあります。

　そのような視点に立てば、労働を、人間－自然の間の生産活動だけでなく、人間－人間の関係の生活活動にまで拡張してとらえなければなりませ

[7] ケアコレクティブ（岡野八代・富岡薫・武田宏子訳」）『ケア宣言─相互依存の政治へ』大月書店、2021年。

ん。家庭内における無償の労働まで広げることも必要となります。労働の拡張
は労働と人間の生命活動とが重なり合うことを示しています。生命活動と労働
との境界線が希薄になり、融合しつつあるわけです。生命活動を行う人間と
「労働する諸個人」とが一体となっていると見なければなりません。人類の
1％が資本家だとすれば、99％が労働者であるといっても過言ではありません。

　そのように見れば、ほとんどすべての人間は労働者であると定義することが
できます。人間、市民と労働者は限りなく一体化しているといってもよいで
しょう。つまり、私たちはほぼ全員が労働者となるわけで、その意味では、す
べての人間が労働者階級であるということができます。

　以上のように見ることによって、現実の変化の中で資本家階級と労働者階級
を社会科学的にとらえることができます。

　そうした定義をふまえて「階級闘争」についても考えてみましょう。上述の
ような検討にもとづけば、「階級闘争」は人間（労働者）による物象化した資
本の支配との闘いとして定義されることになります。つまり資本のシステムと
人間との闘いが「階級闘争」であるということです。このようなとらえ方
は、結果的に前章で検討したマルクスの社会理論における「疎外の克服」とい
う変革の見方と同じものとなります。頂点に達した資本の支配に対抗して疎外
の克服を目指す運動は、「階級闘争」と重なるものとして理解することが可能
です。

　「資本－賃労働」の階級関係における階級闘争という変革論と、「人間－社
会」の疎外の関係における疎外克服の変革論は、同じ変革論へと収斂していく
のです。本書は、芦田のいう変革論上の2つの問題軸（人間－社会の相互関係
の軸と資本－賃労働の階級関係の軸）は、マルクスの社会理論の中で両立し結
合可能となると考えるものです。

（3）資本主義改革と新たな民主主義の形成

　2つの問題軸は、「民主主義論」でも結合可能です。人間－社会の相互関係
の軸では、「疎外の克服」が変革の目的ですが、基軸は「人間性の再生と発
展」であり「新たな共同性（アソシエーション）の構築」です。疎外の頂点に
立つ資本の支配を覆すには、資本の力を抑え込む長期の変革が必要となりま

す。そのための様々なレベルでの社会変革を進め、その総体の力で資本のシステムを規制していくことが変革のアプローチとなります。疎外の克服は人間自身の意識変革と陶冶なしには進みません。資本主義を脱して「社会主義・共産主義」へと向かう道筋が理論的には論じられますが、その過程は長期であると考えるべきです。

　その疎外克服の過程は人間が損なわれた人間性を取り戻し発展させる過程です。「人間性の再生・発展」が資本の力を抑え込み資本の支配を終わらせるのですが、その過程は未来社会に向けた資本主義の長期の改革の過程です。まだ私たちは未来社会の設計図を描くに至っていませんし、その設計図をめぐって議論は様々です。それはとりもなおさず資本主義が続くということを意味します。当面（といっても数十年単位の期間）は資本主義を改革し続けなければなりません。マルクスの社会理論からはそのような長期の社会変革を導かざるをえません。

　資本主義の改革の最大の課題は「民主主義」の拡大にあります。資本の力のもとでの不平等や差別、格差、貧困を克服するには、人間が共同性を発揮し「民主主義」の力を高めることが何よりも重要な課題となります。そのためには新たな民主主義の展開が求められます。それは人権尊重の運動であり、ジェンダー平等の運動であり、自然と調和したコミュニティ再生の運動です。つまり人間－社会の相互関係の軸では、資本主義の改革と新たな民主主義の構築が変革論の骨格となるのです。

　資本－賃労働の階級関係の軸ではどうでしょうか。上述したように、階級闘争も現代においては、物象化した資本のシステムとの闘いが基軸となります。階級関係においては、労働者の概念を拡張することで、人間＝労働者という規定が可能となります。資本のシステムとの闘いは、後に述べるように企業や市場の変革の運動としてとらえる必要があります。企業や市場の変革は、資本主義の改革を意味します。企業や市場を未来社会においてどのように変えていくかは理論的な検討が必要ですが、いまだその見通しは明確ではありません。マルクスは資本主義の胎内から変革の芽が生まれるという考え方に立っています。資本主義はいやいやながらですが、社会からの圧力や運動によって「自己否定」していかざるをえないのです。資本主義を何か別のものに一挙に

取り換えるということではありません。資本主義の改良・改革を進めて、資本主義の「自己否定」を促進するというのがマルクスの理論だと本書は考えています。

　今日の資本－賃労働の階級関係においては、労働概念の拡張が重要であることは上述しましたが、労働概念の拡張のためには、人間の生命活動の中に労働を位置づけ、労働の意義をとらえなおすことが必要となります。ケア労働の問題はその焦点の１つです。ケア労働はジェンダー平等と深くつながる問題です。また人間の生命活動との関係で労働は人間性の再生ともつながっており、ディーセントワークの要求はそのような理論的な視点から深めなければなりません。資本－賃労働の階級関係の面でも、その変革は資本主義の改革が中心となりますが、その中ではやはり新たな民主主義の展開が図られなければなりません。企業の変革は企業の内外に民主主義的な関係を作り、企業を社会的・公共的な存在に変えることを意味します。ケア、ジェンダー、ディーセントワークなどを位置づけることは人間性を発展させるものとして民主主義を深化させることにつながります。

　このように２つの問題軸からマルクスの変革論を見ると、変革の方向性が明らかになってくると考えられます。現代の変革は、資本主義の改革と新たな民主主義の形成を目指すものでなければならないということです。

（4）マルクスの変革論から見る SDGs

　マルクスの変革論から見て、SDGs はどのような変革でしょうか。革命なのか改良なのかどちらでしょうか

　SDGs は世界変革を提起していますが、社会の仕組みそのものを変革するという提起ではありません。目の前の解決が迫られている重要な諸問題を、環境・社会・経済のそれぞれの面において列挙し、それへの統合的な取り組みを訴えているにすぎません。そうした点では、資本主義というシステムを転換するというようなアプローチの変革ではありません。その意味では、あくまでも現在の社会システムの改善策を唱えるもので、諸問題に対処する処方箋という形で資本主義の改良・改革を提起するものです。

　SDGs の変革の主要課題は、人権と環境を二大テーマとして現在の世界を改

革していくということにあります。人権尊重と環境保護は社会システムそのものの改革に直接的に関連するものではありません。またすべての人間を包摂し「誰１人取り残さない」という表明は、どこにも敵を見出さない一見、妥協的で穏健な主張のようにも見えます。SDGs の変革は資本主義の転換を目的としたものではありませんが、人権尊重やすべての人間の包摂に示されるような民主主義を拡大する運動です。

　まとめていえば、SDGs は環境・社会・経済の諸問題に統合的に取り組み、資本主義の改良・改革を目指すものであり、すべての人間の包摂と人権尊重を軸に民主主義の拡大・発展を図るものであるということができます。

　そのような SDGs における変革を、マルクスの変革論からどのように位置づけることができるでしょうか。マルクスの変革論は未来の「社会主義・共産主義」を目指すものであっても、その過程は長期にわたる資本主義の転換を意味するものであり、現代においては、それは資本主義の改革と民主主義の発展を目指すものであることはすでに述べた通りです。マルクスの変革論から見れば、資本主義の改革と民主主義の発展は長期の革命過程の一つの段階であるということができます。

　また、その場合の革命は政治革命に限定されません。資本主義の変革は、様々な領域やレベルでの社会革命、意識革命、技術革命、生活革命などの総体的な取り組みの合成によって進むと考えられます。SDGs はそのような環境・社会・経済にまたがる多様な取り組みから構成されており、マルクスの変革論に相通じるものとなっています。SDGs は資本主義の改革と民主主義の発展を目指し、人間社会の基礎となる人権と環境の課題に取り組む運動です。こうした運動はマルクスの視点から見れば、変革＝革命ととらえることができるのではないでしょうか。単なる改良の域を超えた、構造的変革であり、人間社会のあり方を変えていくものとしてとらえなければなりません。

　しかし、それは取り組み方次第であることに留意する必要があります。EU のような変革的な取り組みもあれば、日本のような SDGs ウォッシュ的な取り組みもあるからです。SDGs を変革的（革命的）なものにできるかどうかは、それに取り組む主体の姿勢と意識によって左右されると思われます。

　マルクスの変革論から見れば、SDGs は革命にふさわしい運動となる可能性

をもっているといわねばなりません。SDGs をより変革的な取り組みにすることが、地球と人間社会の危機を乗り越える道を切り拓くことになるのです。主体の意欲や取り組み方次第ではありますが、「SDGs 社会」「脱炭素社会」を目指し、資本主義を転換していく革命へと発展させていくことができるのではないでしょうか。

第5章　マルクスの企業変革論

1．企業の変革をめぐって

　マルクスの社会理論や資本主義変革論において、もっとも重要な論点の1つは「企業の変革」です。前2章で述べたように疎外の頂点に立つ資本システムをどう抑え込むことができるかが、社会の変革、資本主義の転換を進めるうえでの要となります。物象化した資本は企業の形態をとっているので、資本の力を抑え込み資本の支配を覆すためには企業をどのように変革するかという点が重要な問題になります。企業の変革をめぐっては、資本が物象化した企業を「敵」として対抗的にとらえる傾向があり、企業は主として株式会社形態をとることから、株式会社を株主の所有物としてとらえ、その私的所有を打破することが資本主義の変革と見る考え方も存在しています。

　企業の変革という課題についてはマルクスの理論研究においては十分な解明がなされておらず、資本主義の転換を図るうえで重要な論点であるにもかかわらず議論が進んでいません。それは未来社会における企業についても同様で、マルクスの変革論上の課題となっています。SDGsはその実現のために企業の協力と企業自身の変革を求めていますが、その意義を知るためにもマルクスの企業変革論を明らかにしなければなりません。

　そのためには「企業とは何か」「株式会社とは何か」という原理的な解明が求められます。奥村宏は、「驚くことに、日本ではこれまで株式会社の研究がほとんどなされてこなかった」と指摘しています[1]。もちろん株式会社に関する研究はないわけではありませんが、奥村のいうように、株式会社の構造を私たちはマルクスの視点から理論的に解明しなければなりません。

　そうした問題を考えるうえで、マルクスの株式会社論を検討しなければなりません。本書は、株式会社の構造を理論的に明らかにしたのはマルクスの『資

1　奥村宏『株式会社に社会的責任はあるか』岩波書店、2006年、220ページ。

本論』であると考えています。現代経済学の議論のベースは市場論（需要と供給）であり、資本の企業論的構造を論じる理論的根拠に欠けています。その後、ロナルド・コースの取引理論などを契機にエイジェンシー理論が生まれ、エイジェンシー（代理人：経営者）とプリンシパル（本人：株主）の契約関係を基軸に企業論が形成されてきましたが、資本主義の本質にまで遡って分析したマルクスのような企業論は存在しません。

マルクスは『資本論』において、資本が最高度に発展した形態が株式会社であるとし、株式会社形態を資本主義を超えていく過程の「通過点」ととらえました[2]。マルクスは、資本主義を超えていく要素や条件が株式会社の中で資本自身によって生み出され、その要素や条件を労働運動や社会運動の力で強めることによって資本の「自己否定」が引き起こされていくことを明らかにしました。そうしたマルクスの株式会社論の中に資本主義の変革を読み解くカギが含まれています[3]。

マルクスは『資本論』の中で株式会社に対する先駆的な見方を明らかにしましたが、その後、ヒルファーディングの理論が株式会社論に大きな影響を与え通説を形成したこともあって、マルクスの株式会社論は正当に受容されずに、今日に至っています。本章では、今日的な視点から、マルクスの株式会社論をどのように継承・発展させるべきかについて考察します[4]。

---

2 株式会社を次の生産様式への「通過点」ととらえるマルクスの見方は、通説のマルクス理論では受容されていない。会社をどこまでも私的所有にもとづく資本の拠点と見るのが通説であるが、会社は過渡的な（可変的）存在であり、資本主義の進化とともに会社は変わっていかざるをえないと見るのが本来のマルクスの議論である。通説ではなく新たな視点からマルクスの株式会社論をとらえることによって、現代における会社の発展方向を検討することが可能となる。

3 通説ではなく本来のマルクスの株式会社論について明らかにしたのは、山口正之『社会革新と管理労働』汐文社、1975年、同『社会経済学　何を再生するか』青木書店、1994年などの山口の研究であり、それをさらに発展させた研究が、有井行夫『株式会社の正当性と所有理論』青木書店、1991年である。本章は2人の研究に多くを負っている。

4 本章の元になった筆者の論文は次の通り。小栗崇資「現代株式資本の自己否定性—法・会計との交錯」『季刊経済理論』第44巻第1号、2007年、同『株式会社会計の基本構造』中央経済社、2014年、同「株式会社とは何か—マルクスの「所有と機能の分離論」から」『経済』2016年12月号。

2. 『資本論』における企業論

(1) 『資本論』第1部の資本家と企業

　マルクスの『資本論』は、「資本家」論でもあり「株式会社」論でもあります。『資本論』の叙述を手がかりに、マルクスの資本家や企業についての理論を検討していきましょう。

　『資本論』は第1部で、「資本の生産過程」を解明しています。そこでは商品から貨幣が生まれ資本に発展していく過程が分析され、剰余価値の創出を解明するために、生産過程における資本と労働の関係が明らかにされています。また第1部では、資本家がどのように誕生し、いかなる存在として資本主義的生産を作り出すかを論じています。

　　　「この運動（価値増殖運動―引用者、以下カッコ内はすべて引用者）の意識ある担い手として、貨幣所持者は資本家になる。…ただ抽象的な富をますます多く取得することが彼の操作の唯一の起動的動機であるかぎりでのみ、彼は資本家として、または人格化された意志と意識とを与えられた資本として機能するのである。」（『資本論』第1部、大月書店版、200ページ）

　貨幣所持者の中から資本家が生まれるとしたうえで、第1部では個人資本家（1人親方、個人事業主）を前提として資本家の本質についての分析がなされています。それがもっとも単純な資本家の形態であるからです。ここではまだ会社形態としての企業について展開されていません。しかし、第1部後半では、協業、分業、マニュファクチャをへて機械制大工業への資本主義的生産の発展が論じられ、多数の労働者を働かせる大規模な事業組織が労働過程の面から描かれます。そこでは資本の形態である企業について論じられてはいませんが、資本家の指揮の機能について明らかにしている点は重要です。『資本論』第3部での株式会社論につながるからです。

　　　「多数の賃金労働者の協業が発展するにつれて、資本の指揮は、労働過程そのものの遂行のための必要条件に、1つの現実の生産条件に発展してく

る。」「すべての比較的大規模な直接に社会的または共同的な労働は、多かれ少なかれ1つの指図を必要とするのであって、…1つのオーケストラは指揮者を必要とする。この指揮や監督や媒介の機能は、資本に従属する労働が協業的になれば、資本の機能になる。資本の独自な機能として、指揮の機能は独自な性格をもつことになるのである。」（同上、434ページ）

資本家の機能は株式会社を考えるうえで重要なポイントです。マルクスは指揮の機能に二面があることを指摘し、「資本家の指揮は、社会的労働過程の性質から生じて資本家に属する1つの特別な機能であるだけではなく、同時にまた1つの社会的労働過程の搾取の機能」であると述べています（同上、434ページ）。

　「それゆえに、資本家の指揮は内容から見れば二重的であって、それは、指揮される生産過程そのものが一面では生産物の生産のための社会的な労働過程であり、他面では資本の価値増殖過程であるというその二重性によるのであるが、この指揮はまた形態から見れば専制的である。」（同上、435ページ）

そしてマルクスは軍隊になぞらえて、「1つの軍隊が士官や下士官を必要とするように、…労働過程で資本の名によって指揮する産業士官（支配人、managers）や産業下士官（職工長、foremen, overlookers, contre-maitres）を必要とする。」（同上、435ページ）と書いています。

このように『資本論』第1部では、資本家について貨幣所有者であるという側面と労働過程の指揮者であるという側面が明らかにされています。『資本論』第3部では、この2つの側面が株式会社における「貨幣資本」と「機能資本」の二重性へとつながっていきます。そして、この指揮・監督の機能が株式会社においては資本家の手から離れて、やがて労働者の手に移っていくことが示され、資本主義の自己否定が引き起こされることで株式会社が過渡的存在に変わっていくことが解明されます。この点は後ほど考察しましょう。

（2）『資本論』第 2 部の資本家と企業

　『資本論』は第 2 部で、「資本の流通過程」を解明しています。第 1 部では、資本のとる形態のうち生産資本に焦点を当てて資本の生産過程を明らかにしました。剰余価値の生産とその労働過程の解明を先にしたのは、「まず蓄積（価値増殖）を抽象的に、すなわち単に直接的生産過程の一契機として考察する」ためであり、「蓄積過程の機構の内的な営みを覆い隠すいっさいの現象をしばらくは無視することが必要」だったからです（『資本論』第 2 部、大月書店版、736 ページ）。そうした前提に立って、剰余価値が商品の売買等によって実現される流通過程の分析を次の段階としました。資本の運動は生産部面と流通部面の 2 つの段階に分かれますが、流通部面を対象にしたのが第 2 部です。

　第 2 部では、資本を実際に流通させ、社会全体で資本を再生産させる諸資本の運動について明らかにしています。抽象的な生産資本の剰余価値創出のレベルから上向して、多様な資本の端緒となる運動形態が論じられます。流通部面の要素として、商品売買、簿記、貨幣取扱、保管、運輸などが登場します。

　特に重要なのが「商品売買」と「貨幣取扱」ですが、第 3 部になるとそれぞれ「商業資本」「銀行資本」として資本の自立が論じられます。また第 2 部の後半では、総生産が生産手段生産部門（第 1 部門）と消費手段生産部門（第 2 部門）に区分され、社会的生産過程の連関の全体像が明らかにされます。つまり、社会的分業や産業部門の形成が、様々な資本の運動の展開として描かれているわけです。このように様々な産業や業種の存在根拠が第 2 部で解明され、企業の存立する基盤について示されるのですが、企業そのものの構造や形態については言及されておらず、企業自体を論じることはされていません。

　企業が株式会社として論じられるのは「資本主義的生産の総過程」と題する『資本論』の第 3 部においてです。第 3 部は「全体として見た資本の運動過程から出てくる具体的な諸形態を見いだして叙述」（『資本論』第 3 部、大月書店版、33 ページ）されたものです。資本の具体的な形態が企業であり、しかも資本の最高に発展した形態として株式会社が論じられています。マルクスがどう株式会社をとらえていたかについて、次に見てみましょう。

3. マルクスの株式会社論

（1）『資本論』第3部の資本家と企業

　『資本論』第3部では「社会の表面でいろいろな資本の相互作用としての競争のなかに現れ生産当事者の自身の日常の意識に現れるときの資本の形態」（同上、34ページ）が解明されます。

　第3部はそうした視点から、資本家的意識において剰余価値が「利潤という転化形態」（同上、44ページ）を受取り「利潤」として現れること、「利潤」が「利子と企業（者）利得」に分割されて、資本の運動と形態を規定していくことを分析しています。そして「利潤」が「利子と企業（者）利得」に分割されるのは、その背後に「貨幣資本家」と「機能資本家」が存在するからであることを明らかにします。

　　「資本家が貨幣資本家と産業資本家（機能資本家）とに分かれるということだけが、利潤の一部分を利子に転化させ、およそ利子という範疇をつくりだすのである。」（同上、464ページ）

　この利潤の分割を生み出す存在として企業（会社）が論じられます。第1部、第2部では資本家は単純な形態である個人資本家として分析されましたが、第3部においては、資本家が貨幣資本家と機能資本家に分けられ、その結合体が企業（会社）であることが資本の存在形態として解明されることになります。しかし企業が株式会社へと発展していくには、信用制度が発展しなければなりません。信用制度が大きな役割を果たすようになることで、株式の発行が可能となるからです。

　　「信用制度の一方の面は貨幣取引業の発展に結びついており、この発展は、当然、資本主義的生産のなかでは商品取引業と同じ歩調で進んで行く。…信用制度の他方の面、すなわち利子生み資本または貨幣資本の管理が、貨幣取引業者の特殊な機能として発展する。」（同上、505-506ページ）

信用制度において、前者の信用と後者の信用は一体となって証券取引所や銀行資本へと発展していきます。そのような段階への展開は第2部の流通過程における商品売買と貨幣取扱の分析から引き継がれたものです。第1部における資本家の誕生とその性質（貨幣所持、指揮機能）の分析、第2部における多様な資本の分業と産業部門（第1部門、第2部門）の分析を積み重ねて、第3部においてはじめて株式会社を論じることができる準備が整ったと見ることができます。

第3部では、資本家が貨幣資本家と機能資本家の2者に分かれて独自の役割を果たすようになり、信用制度の発展が多額の資金調達を可能にして「個人資本には不可能だった企業」を生み出すようになることで株式会社の形成が解明されます。またそれは資本が株式会社という形態へと必然的に発展し、資本が最高度に発展した完成形態に達していくことの解明でもあります。そして第3部では、資本の自己否定が引き起こされることを通じて、株式会社が資本主義を超えていく通過点を形成するという提起にまで至ることになります。そうした点を次節で詳しく検討していきましょう。

（2）貨幣資本家と機能資本家
① 貨幣資本家と機能資本家の結合

マルクスは、貨幣資本家と機能資本家の結合によって会社が生まれ株式会社へと発展していくととらえ、株式会社の構造の基礎となるのが「貨幣資本（家）」と「機能資本（家）」であるとしました。マルクスは、私たちの日常にある表象から分析しています。貨幣資本家は資本の出資者、株主であり、機能資本家は出資資本を使って企業活動を行う経営者です。株式会社における資本家は、貨幣資本家と機能資本家の2種類の資本家から成っているというのがマルクスの株式会社論の大前提です。

株式会社への発展はまず個人資本家からたどらなければなりません。個人資本家とは、所有者と労働の担い手が同じ個人であり、資本家が自ら指揮・監督を行う存在です。

「自分の資本で事業をする資本家も、借り入れた資本で事業をする資本家

と同じように、……資本の貸し手（貨幣資本家）としての自分に帰属する利子と、能動的な機能資本家としての自分に帰属する企業者利得とに分割する。……自分自身の資本で事業する場合にも、2つの人格に、すなわち単なる資本の所有者（the owner of capital）と資本の活用者（the employer of capital）に分裂するのである。」（同上、470 ページ）[5]

　1 人の資本家であってもその内には異なった人格が存在しており、貨幣資本家と機能資本家という 2 つの人格が分裂し、資本運動の中で違った役割を果たすというのがマルクスの出発点です。貨幣資本家とは資本の所有者であり、機能資本家とは資本の活用者です。資本が生みだす総利潤は、貨幣資本家への利子と機能資本家への企業（者）利得に分割されます。

　「貨幣資本家と生産的資本家（機能資本家）とが、単に法律的に別な人としてだけでなく、再生産過程でまったく違った役割を演じる人として、またその人の手中では同じ資本が現実にまったく異なった二重の運動を行うものとして、実際には対峙しているという想定から我々は出発しなければならない。」（同上、466 ページ）

　資本の運動が複数出資による組合や会社形態へと発展する段階では、貨幣資本家の一部が組合や会社を指揮・監督する機能資本家となり、私的所有を担う貨幣資本家と指揮・監督を行う機能資本家が分かれるようになります。資本家とは「人格化され意志と意識を与えられた資本」です。したがって、株式会社へと発展していく資本は、貨幣資本（家）と機能資本（家）が対峙しつつ結合した存在となります。通説では資本家を貨幣資本家、機能資本家、無機能資本家と 3 区分する見解もありますが、明らかにマルクスは、貨幣資本家と機能資本家を 2 区分する見地に立っています[6]。

---

[5] 大月書店版を基本としているが、引用は翻訳通りではなく、場合によっては英語版を参照して筆者の訳文を使用している。英語版は、Karl Marx, *CAPITAL : A Critique of Political Economy*, Progress Publishers, Moscow, Vol.1,1954, Vol.2.1956,Vol.3,1959 を使用。

② 機能資本家の機能

　貨幣資本家と機能資本家をどのようにとらえるかが重要なポイントとなります。貨幣資本家と機能資本家の関係は、「一方は資本を貸すだけであり、他方はそれを生産的に活用する」（同上、466－467ページ）という点にあります。

　貨幣資本家は自己資本提供者である株主や他人資本提供者である金融機関等を意味していますが、かれらは会社の経営に参加するわけではありません。マルクスはそのことを「貨幣資本家の非活動、生産過程への非参加」と表現し、貨幣資本家の得る利子を「生産過程を無視した資本所有の果実」と呼んでいます（同上、469ページ）。すなわち貨幣資本家は会社（生産過程）の外部に存在するのです（同上、470ページ）。

　他方、会社の内部にいる機能資本家についてマルクスはかなりのページを割いて論じています。株式会社について論じるうえで注目すべきは、マルクスが「機能資本家はここでは資本の非所有者として想定されている」と述べている点です（同上、468ページ）。その理由は、貨幣資本家の得る利子は「資本所有の果実」であるが、機能資本家の得る企業利得は所有からではなく、「資本を用いて行う機能の専有の果実」として現れるからです。ここに株式会社における「所有と機能の分離」の起点が見い出されます。資本の所有と資本の機能との分離です。

　　「（機能）資本家は生産過程も流通過程も指揮する。……彼の企業者利得は、利子に対立して、資本所有にかかわりのないものとして、むしろ非所有者としての—労働者としての—彼の機能の結果として、現れるのである。」（同上、476ページ）

　機能資本家は、一般的認識から見れば企業経営者ですが、彼らは所有を必要

6　株式会社における資本をマルクスは2つの資本、貨幣資本と機能資本の結合としてとらえているが、通説のマルクス理論では、ヒルファーディングの影響により、貨幣資本、機能資本、無機能資本の3つの資本説をとっている。しかし、マルクスの2つの資本説は株式会社が「通過点」となっていく過程を解き明かす要の位置にある理論であり、通説とは大きく異なるものである。本章ではマルクスの本来の理論に立って議論を進めたい。

とせず、資本を活用して経営するという役割のみによって存在します。貨幣資本家と機能資本家の関係は次のように示すことができます。

貨幣資本家（出資者）→ 生産過程外、非活動、所有の果実―利子（配当）
機能資本家（経営者）→ 生産過程内、活動、機能の果実―企業利得

　重要なことは、マルクスが貨幣資本家は資本の所有者であるが、機能資本家は資本の非所有者であるとしている点です。マルクスは、このように機能資本家の本質が「非所有」「活動」にあると規定するのです。
　それでは、拠出された貨幣（資本）の所有は貨幣資本家に属するとしても、拠出された貨幣により運動体として形成される企業の所有は誰に属するのでしょうか。マルクスは「61 - 63 年草稿」の中で、「資本家は二重に存在する。法律的にと経済的にである」（『資本論草稿集』第 7 巻、大月書店、1457 ページ）とし、「一方（貨幣資本家）は資本の法律的所有者であり、他方（機能資本家）は、彼が資本を運用しているかぎり、経済的な所有者である」（同上、1506 ページ）と述べています。本来の意味（法律的な意味）での「所有」ではないが、機能資本家は資本の運用という形で実質的に企業を所有しています。「機能資本家は、賃金労働者に対立する他人の所有としての資本を代表」する「生産手段の代表者」（『資本論』第 3 部、477 ページ）として、生産手段を資本として機能させることによって実質的な所有者となるのです。

③ 資本家のいない会社

　マルクスは『資本論』第 1 部で、多数の労働者を働かせる労働過程において資本は指揮・監督の機能を果たすことを解明しました。そこでは指揮・監督が労働であるという点も明らかにしています。第 3 部はこうした分析を引き継ぎ、指揮・監督によって資本を機能させる（経営する）のが機能資本家であることを論じています。
　さらにマルクスは、大規模な協業へと発展した段階では、指揮・監督という労働を資本家自身ではなく賃金労働者が担うようになり、資本家と指揮・監督の担い手とがますます別の人格となる分離が必然化すると述べています。それ

が株式会社における「所有と機能の分離」の展開です。

　　「一般に株式企業—信用制度とともに発展する—は機能としてのこの管理
　　労働を、自己資本であろうと借入資本であろうと資本の所有からはますます
　　分離していく傾向がある。」（同上、486 ページ）

　しかもこの分離が進むと、株式会社の内部においては人格として資本家がい
なくなるとまでマルクスは述べています。

　　「資本主義的生産それ自身は、指揮の労働がまったく資本所有から分離し
　　て街頭をさまようまでにした。だから、この指揮労働が資本家によって行わ
　　れる必要はなくなった。音楽指揮者がオーケストラの楽器の所有者であるこ
　　とは少しも必要ではない。」（同上、485 ページ）
　　「どんな権限によっても資本を占有していない単なる管理人が、機能資本
　　家としての機能資本家に属するすべての実質的な機能を行うことによって、
　　残るのはただの機能者だけになり、資本家は余計な人格として生産過程から
　　消えてしまう。」（同上、557 ページ）

　つまり、株式会社を機能させるのは資本家である必要はなく、その機能を行
うのであれば単なる管理人、ただの機能者であればよいということになります。

（3）株式会社における「所有と機能の分離」
　このマルクスの大胆な視点を受け止めるか否かが株式会社論にとって重要と
なります。マルクスが明らかにした株式会社の構造を図表9で表すことができ
ます。会社は「人格の層」「物象の層」「労働の層」の3層の構造から成ってお
り、それが株式会社の原理的構造となります。この原理的構造においては、私
的所有の分解と否定による「私的所有の最高度の発展」の段階が示され、また
株式会社における実質的な社会的生産を誰がどのように管理するかという「社
会的生産の管理」の課題が提起されるのです。

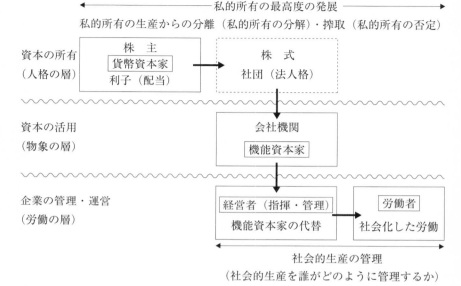

図表９　株式会社の原理的構造（３層構造）

◀──────── 私的所有の最高度の発展 ────────▶
私的所有の生産からの分離（私的所有の分解）・搾取（私的所有の否定）

資本の所有　　　　　　株　主　　　　　　　株　式
（人格の層）　　　　　貨幣資本家　　　　　社団（法人格）
　　　　　　　　　　　利子（配当）

資本の活用　　　　　　　　　　　　　会社機関
（物象の層）　　　　　　　　　　　　機能資本家

企業の管理・運営　　　経営者（指揮・管理）　　　　労働者
（労働の層）　　　　　機能資本家の代替　　　　　社会化した労働

◀──────── 社会的生産の管理 ────────▶
（社会的生産を誰がどのように管理するか）

（出所）著者作成。

①「人格の層」

　一番上が「人格の層」で、人格をもった人間は生身の資本家としての貨幣資本家だけであることを示しています。資本は、「所有としての資本」（貨幣資本）と「機能としての資本」（機能資本）に分離しているので、貨幣資本家である株主は、会社の「外部」にあって株式の所有を通じて資本利子（配当）のみを求める存在となっています。株主は社団としての会社を所有する形式だけは残していますが、私的所有の中にある指揮権や処分権を喪失し会社の機能を担うことはできません。私的所有は生産から分離しているのです。生身の資本家は株主である貨幣資本家だけとなり、機能資本家は人間ではない会社機関となる構造がここでは示されています。

②「物象の層」

　次が「物象の層」で、会社が人間ではない「会社それ自体」となっていることを示しています。資本家（貨幣資本家）は余計な人格として生産過程から排

除され、生産の統一は機能資本家としての会社機関によって担われます。しか
し会社機関は人間ではないので、生産関係は脱人格化し、会社内部には人間と
しての資本家はいなくなります。会社は物象によって支配され、会社は物象化
しています。生産手段の代表者は「会社それ自体」となり、社団である法人が
会社を所有する形となります。株主が所有するのは株式であり、会社財産は会
社が所有するのです。その点を岩井克人は「2階建ての所有」と呼んでいま
す[7]。

③「労働の層」

　一番下が「労働の層」で、実質的に会社を動かしているのは労働者であるこ
とを示しています。会社は人格（ヒト）としての資本家のいない存在となりま
すが、現実の会社を動かすには生きた人間を必要とします。機能資本（家）の
機能を代替するのは経営者（管理人）です。経営者（管理人）は資本家ではな
く単なる指揮・監督の労働者であり、資本を機能させ資本に代わって搾取を行
う存在です。経営者は「資本の魂」をもった「人格化された資本」となり、
「資本家」と同様の機能を果たすようになります。そして、その指揮・管理の
もとで多くの労働者が働くのですが、会社は事実上、上から下まで支配・敵対
関係をはらみつつ労働者（機能者）だけによって運営される存在となりま
す。資本家を不要としつつ、物象としての資本の力のもとで、そうした資本家
的労働者と労働者によって社会的生産が担われるようになるのが株式会社です。
　この3層構造においてもっとも重要なのはこの「労働の層」です。労働の社
会化が進む中で、労働者が会社の社会的役割を認識し社会的に有用な生産を担
うべきことの自覚を高め、運動によって資本の自己否定を引き起こしていくこ
とが、会社を変えていくことになります。企業を社会的・公共的存在に変えて
いく運動がこの「労働の層」から生まれてくるのです。

7「会社は二階建ての構造を持っています。まず、二階部分では、株主が会社をモノとして
所有している。具体的には株式を所有しているわけです。そして一階部分では、その株主
に所有されている会社が、こんどはヒトとして会社資産を所有している。すなわち、会社
とは二重の所有関係の組み合わせによって成立している組織なのです。」（岩井克人『会社
はだれのものか』平凡社、2005 年、21 - 22 ページ）

これがマルクスのいう株式会社における「所有と機能の分離」です。経営学における「所有と経営の分離」とは、共通の論点を含んではいますが、問題把握がより根本的であるといわねばなりません[7]。

　誤解のないように指摘しておかねばなりませんが、マルクスは決して資本の力が弱まるといっているわけではありません。株式会社は資本が「最高の発展」を遂げた形態であり、資本の力（権力と支配）も最高度に高まっています。経営者は事実上の「資本家」として会社を専制的・権力的に支配するのです。柴田努は『企業支配の政治経済学』の中で今日の資本主義において「経営者支配」が貫かれ「経営者権力」が強まっていることを明らかにしています[8]。しかしそうした「経営者支配」のメカニズムの中で、株式会社が社会的生産を担うものであることが次第に明らかとなり、それを私的に支配することの正当性が失われていくことをマルクスは論じているのです。

　留意すべきはここでは私的所有の内実が失われ否定されているという点です。本来の（狭隘な）私的所有は、所有者が所有対象に対する指揮権や処分権を発揮することによって十全なものとなるのですが、生産過程に「非参加」である貨幣資本家の私的所有は、指揮権や処分権を喪失したまま完結に至らず分解しています。また株式会社の中での搾取は「他人の剰余労働のむきだしの取得として」（同上、557ページ）現れるのであり、それは、私的所有を奪うものであり、私的所有を否定するものとなっています。株式会社においては私的所有にもとづく正当性の根拠が喪失しているのです。

　こうした視点からマルクスは、株式会社は「私的所有としての資本の廃止」へと至った存在であると規定します。

　　「それ自体として社会的生産様式の上に立っていて生産手段や労働力の社
　会的集積を前提している資本が、ここでは直接に、個人資本に対立する社会
　資本（直接に結合した諸個人の資本）の形態をとっており、このような資本

---

[7]「所有と経営の分離」論は、株式の分散現象と経営者の専門職化によって、株主と経営者の分離が生じることを論じる議論である。
[8] 柴田努『企業支配の政治経済学—経営者支配の構造変化と株主配分』日本経済評論社、2020年。

の企業は個人的企業に対立する社会的企業として現れる。それは、資本主義的生産様式そのものの限界のなかでの、私的所有としての資本の廃止である。」（同上、556 – 557 ページ）

マルクスは、株式会社は脱資本主義的な性格の社会的生産体として、資本主義の中でその止揚への過渡的な形態を形成するものとなっているというのです。

（4）通過点としての株式会社
① 脱資本主義への通過点

マルクスは「所有と機能の分離」論に立って、株式会社の本質と構造を誰よりも先進的に解明しています。自己否定の条件が生み出され、それが労働者の運動によって現実化していく場合には、株式会社は新たな生産形態（脱資本主義）への通過点となるとマルクスはいいます。

　「株式会社では機能は資本所有から分離されており、したがってまた、労働も生産手段と剰余労働の所有からまったく分離されている。このような、資本主義的生産の最高の発展による結果こそは、資本が生産者たちの所有に、といってももはや個々別々の生産者たちの所有としてではなく結合（アソシエート）された生産者である彼らの所有としての、直接的社会所有としての所有に、再転化するための必然的な通過点である。それは、他面では、これまではまだ資本所有と結びついている再生産過程上のいっさいの機能が結合した生産者たちの単なる機能に、社会的機能に再転化するための通過点なのである。」（同上、557 ページ）

最高に発展した資本の形態である株式会社は、実質的に社会的生産を担う存在となっており（生産の社会化）、そこで働く生産者（労働者）たちは社会的労働の担い手となっています（労働の社会化）。マルクスは、株式会社が社会的存在となっていかざるをえない必然性を理論的に明らかにしました。そこに企業の社会性・公共性を求める可能性と客観的根拠があるといわねばなりません。

② 所有から管理への転換

　株式会社の社会性・公共性を求める方向は、社会的生産を誰のためにどのように「所有」すべきかという課題に行き着きます。形式は別として実質的な「所有」とは、その対象を指揮・監督して十全に機能させることを意味します。それを総称して「管理」と呼ぶならば、「所有」は「管理」によって実質化するということができます。社会的生産にふさわしく、株式会社を生産者たち（労働者たち）が社会的・公共的に有用な存在として「管理」することができれば、それはマルクスのいう「直接的社会所有」に他なりません。株式会社はそのような意味で「通過点」となる可能性をもっています。

　マルクスは、所有と機能の分離を明らかにし機能資本家の分析を突き詰めることによって、資本家のいない企業が資本主義のもとで形成されることを明らかにしました。株式会社が資本家なしに労働者だけで運営される存在となるとしたマルクスの理論は、通説では肯定的に扱われていません。

　しかしマルクスは、予想される反論にたいして、この機能としての管理労働は「資本主義的生産様式の胎内で発展した諸形態」であり、「俗物はその対立的な資本主義的な性格から分離し解放して考えることができない」（同上、486ページ）と述べています。つまり、株式会社の内部（胎内）に新たな諸形態が芽生えており、それを現実化することによって資本主義的な性格を変えていくことが可能であることをマルクスは提起しているのです。

　しかし、資本家がいないということは労働者に対する支配と搾取がなくなることや私的所有の力が衰えることを意味しません。現象的にはオーナー経営者のワンマン経営や大株主やファンドによる経営への介入など様々な経営問題が生じており、「株主資本主義」はそうした現象の反映です。機能資本家である「会社それ自体」のもとで、経営者が「資本家」に成り代わり、「資本家の魂」をもって労働者を支配し搾取する過程が進行しています。株式会社においては、権力を持った労働者である「経営者」が労働者を支配・抑圧する形態が生まれています。労働者は権力をもった経営者による専制的な支配と闘わなければなりません。資本のシステムのもとでの経営者権力と対決していくことが労働者・労働組合に求められます。株式会社においては、その意味で「所有者

支配」ではなく「経営者支配」が貫かれているのです[9]。

　しかし、そのような経営者支配・経営者権力と闘うことによって経営者を変えていくという視点が重要となります。労働者である経営者が労働者を支配する株式会社においては、資本所有は生産過程内からは分離しその外部にしか存在しません。そうした状況はマルクスのいう「私的所有としての資本の廃止」です。機能資本家の機能は資本所有からかぎりなく分離し、経営者の手によって担われています。株式会社は資本主義の枠内（限界内）ではありますが、すでに資本主義を超える存在（胎内で発展した諸形態）となっているのです。

③ 社会的・公共的な企業

　株式会社がなぜ通過点となるかといえば、専制的に（支配・抑圧によって）運営される会社が労働者によって協同的に運営・管理されるようになれば、労働者（結合された生産者）が会社を実質的に所有することになるとマルクスは考えるからです。この点について協同組合企業を例にあげ、「資本主義的株式企業も、協同組合工場と同じに、資本主義的生産様式から結合生産様式への過渡形態とみなしてよい」（同上、562 ページ）と述べています。

　マルクスは当時、協同組合企業を高く評価し「多かれ少なかれ国民的な規模で協同組合企業がだんだん拡張されていく」と述べていました。協同組合企業を発展させていく方向をマルクスは想定していたと考えられますが、協同組合企業が拡張していくというマルクスの見通しは当たらず、その後の歴史は株式会社の圧倒的な普及という結果をもたらしました。マルクスといえどこれほどの株式会社の支配力を予想できなかったといわざるをえません。まだ株式会社が発展途上にあった当時の状況を反映したものといえるでしょう。そうした点

---

9 株式分散による経営者支配から株式集中による大株主（機関投資家）支配に変化したとする議論に対して、機関投資家やヘッジファンドによる企業の支配は短期的・限定的であり、所有者支配は成立していないことを柴田、前掲書は論証している。金融化の進行の中で、「株主配分重視」を掲げる形態を通じて経営者支配が貫徹していることを柴田は論じている。オーナー経営者の場合、時として所有者の専横が生じることもあるが、「所有者」の力で経営しているのではなく、「経営者」の能力によって経営が行われていると見なければならない。

があるとしても、マルクスの株式会社についての理論の価値を低めるものではありません。

　協同組合企業は株式会社にとって代わることはありませんでしたが、現代でも生活協同組合や農業協同組合などは重要な役割を果たしていますし[10]、労働者協同組合も新たな発展が期待されます[11]。またSDGsの中で改めて協同組合の意義が見直されています[12]。株式会社の変革が進む過程で、時としては株式会社の先を行く企業として役割を発揮するものと考えられます。株式会社の改革と協同組合の活性化は相乗する形で進むことが期待されます。

　このようにマルクスは『資本論』において、最高度に発展した資本の形態である株式会社においては私的所有が否定され、労働者の自覚とそれを促す社会的な運動の発展によって、株式会社が社会的・協同的な企業へと転換していく過渡形態が生まれることを解明しています。

　株式会社は、「再生産過程上のいっさいの機能が結合生産者たちの単なる機能に、社会的機能に、転化するための通過点」となるのです。株式会社の機能が社会的機能（社会のための機能）へと変化していくことがそのような企業変革をもたらすものとなります。資本所有のための企業から社会的機能を果たす企業への変革です。そのような社会的機能を果たす企業をマルクスは「社会的企業」と呼んでいます（同上、557ページ）。社会的機能への転換には、経営者の専制的な支配を覆し企業を社会的存在へと変化させるための、法規制や制度の改革を伴う長期の変革過程が必要となることはいうまでもありません[13]。

　マルクスの『資本論』は、資本主義が自らを否定する条件を自らが準備

<hr />

10 小栗崇資「新たな共同の再生―現代資本主義と人格のシステム」21世紀生協理論研究会編『現代生協改革の展望』大月書店、2000年。
11 日本でも2020年に「労働者協同組合法」が制定され、労働者協同組合が様々な分野で作られつつある。詳しくは『生活協同組合研究』2021年4月号、「特集 労働者協同組合を学ぶ」を参照のこと。
12 ネイサン・シュナイダー（月谷真紀訳）『ネクスト・シェア―ポスト資本主義を生み出す「協同」プラットフォーム』東洋経済新報社、2020年。
13 社会的企業をめぐる法的な議論については奥平旋『社会的企業の法―英米からみる株主至上主義の終焉』信山社、2020年を参照のこと。コリン・メイヤー（宮島英昭監訳、清水真人・河西卓弥訳）『株式会社規範のコペルニクス的転回』東洋経済、2021年、も株式会社の本質論から説き起こし、会社のあり方の転換を哲学から法制度にわたって提起している。

し、それが株式会社の中に変革の芽としてあること、資本主義の変革が資本主義の胎内から生まれてくることを原理的に明らかにしたということができます。マルクスの株式会社論は、今日の時点で改めて検討すべき先見的な論点に満ちています。その検討によってはじめて、現代の株式会社の段階を明らかにできると考えられます。

　株主資本主義への批判が高まり、ステークホルダー資本主義が提唱される状況が生まれている現代は、資本主義の転換が求められる段階に達しているといえます。そのような転換のカギを握るのが企業の変革であり、マルクスの理論（特に株式会社論）はそうした変革に大きな示唆を与えるものとなっています。

　かつての社会主義論のように、私的所有制度を否定し、それを国有や社会主義的所有等の所有の形態を変えることが課題となるのではありません。株式会社を社会的・公共的存在として機能させることが脱資本主義への通過点となるのであり、そのための管理（企業の管理から社会全体の様々なレベルでの管理）が重要となります。管理とは、経営管理や企業統治のあり方にとどまらず、株式会社をめぐる国内外の法や会計等による株式会社の民主的規制とそのための制度構築の全般を含みます。社会がこの社会的生産体を民主的に管理し、株式会社の社会的機能を発揮させることが、資本主義の自己否定を引き起こしていく究極の課題となります。

　こうした株式会社の構造分析に立てば、「株式会社」は株主のものでも経営者のものでもなく、人間が長い矛盾の過程をへて構築しようとしている「社会的・公共的なもの」であるということができます。

４．ヒルファーディングの株式会社論

　しかし今日では、株主資本主義や金融資本の支配がきわだってきており、株式会社の横暴な資本性は逆に強まっているように見えます。大株主が支配するに至り金融（銀行）資本が資本主義の中心となるという議論を、最初に展開したのはルドルフ・ヒルファーディングです。そうした大株主支配の議論の源流は彼の『金融資本論』（1910年初版）にあります。オットー・バウアーは『金融資本論』について「本書はほとんど『資本論』の新巻」であると絶賛してお

り、その理論的影響には大きなものがありました。しかし、ヒルファーディングはオーストロ・マルクス主義の1人であり、その理論傾向には、現象主義、不可知論があるとされています[14]。

ヒルファーディングの株式会社論の要点は、「株式の売却可能性」と「産業資本家の機能変化」にあります[15]。ヒルファーディングは、譲渡株式の多数取得によって、株式会社が銀行等によって支配されるとしました。多数の株式を取得した大株主が、少数株主の力を奪い、株式会社の実質的な支配権を得るものとなるというのです。

　「株式会社こそは一少数政府によってどころか、ただ一人の大資本家（または一つの銀行）によってさえ支配されるのであって、…小株主大衆からは独立しているからである。そのうえ産業的官僚政治の先端をなす経営管理者たちは、あるいは重役報酬により、または、なかんずく通常は大株所有によっても、企業に利害関係をもっている。」（ヒルファーディング『金融資本論』大月書店、193ページ）

ヒルファーディングはこのように述べ、大株主（貨幣資本家）が経営の頂点に立つことによって、産業資本家（機能資本家）も兼ねるものとなるとしました。ヒルファーディングの議論は、「貨幣資本家」の中の大株主が所有により経営権を握ることによって「機能資本家」となり、中小零細株主は経営から排除され経営に関わることのない「無機能資本家」になるというものです。すなわちヒルファーディングは、株式の売却可能性を通じて、大株主が形成され、大株主が産業資本家としても君臨し、所有と機能を併せもつようになると論じたのです。

そうしたヒルファーディングの考え方にもとづき通説の株式会社論が生まれました。株式会社についてマルクスは2つの資本、貨幣資本と機能資本の結合としてとらえましたが、通説では、貨幣資本、機能資本、無機能資本の3つの

---

14 有井、前掲書、142ページ。
15 同上、153ページ。

資本によって株式会社が説明されます。マルクスが「所有と機能の分離」を論じたのに対し、ヒルファーディング理論にもとづく通説は「所有と機能の結合」を主張し、あくまでも所有による支配が株式会社を貫いているとしています。「私的所有」が株式会社の根幹にあるという説ですが、上で述べたマルクスの考え方とは大きく異なっています。

　ヒルファーディングの議論は、今日の「株主資本主義」現象や金融資本の支配現象を説明するのに適した面をもっていますが、マルクスの株式会社論との対比でどのような問題点を有するのでしょうか。問題は、「何が株式会社の本質か」という点にあります。またそこでの議論は、「資本主義はどのように変化していくのか」という発展の道筋を示唆するものとならねばなりません。

　ヒルファーディング理論は資本主義の現代的現象を鋭く分析する能力を持っているように見えますが、その問題現象が株式会社の本質であるかのような議論に終始する傾向があり、結局はマルクスの株式会社を「通過点」と見る理論を否定した形となっています。

　その理論の根幹は、資本家の「所有にもとづく支配」が株式会社の基礎をなすと見る点にあります。「私的所有」が資本主義の根本的病理であり、私的所有を否定することが資本主義の改革となるということになります。この理論はスターリン体制下での『経済学教科書』における「生産関係の基礎としての私的所有」というテーゼへとつながっていきます。しかし、私的所有自体が「所有と機能の分離」の中で変容し破綻するとするマルクスの見地は、スターリンのテーゼとは真逆のものです。

　個人の私的所有を束ねて形成される株式会社は、大規模な生産をめざす結果、私的所有の内実を喪失するに至り、事実上の社会的生産体となっています。私的所有の実質的な自己否定へと至るのが、資本主義の到達した段階です。株式会社における社会的生産を実体化（私的所有を社会的所有に転換）させることが変革の課題となります。その転換は生産者（労働者）たちの運動と管理によって可能となります。このようなマルクスの見地はヒルファーディングの見方とはまったく異なっています。

5．株式制度（証券市場）の改革

　ヒルファーディングのいう、証券市場を通じた金融資本（様々なファンドなど）の横暴な支配をどうとらえればよいのでしょうか。

　株式会社は「株式制度」（証券市場）を必然化しますが、マルクスはすでにその問題をとらえていました。『資本論』第3部第27章の「4　株式制度」の中で株式を通じた支配や収奪について指摘しています。株式制度の中で「資本家とみなされる人々（株主）に、他人の資本や他人の所有にたいする……ある範囲内では絶対的な支配力を与える」（『資本論』第3部、559ページ）として、そうした支配のもとで「諸資本の集中になり、したがってまた最大の規模の収奪になる」とマルクスは述べています。

　　「この収奪は，資本主義体制そのもののなかでは，反対の姿をとって，少数者による社会的所有の取得として現われる。そして信用はこれらの少数者にますます純粋な投機者の性格を与える。所有はここでは株式の形で存在するのだから，その運動や移転はまったくただ取引所投機の結果になるのであって，そこでは小魚は鮫に呑みこまれ，羊は取引所狼に呑みこまれてしまうのである。」（同上、560ページ）

　この文章は、少数者が投機の中で（社会的所有を表象する）株式を取得し、凶暴な支配力をもつ大株主（鮫や狼）となることを示しています。

　　「株式という形態への転化は，それ自身ではまだ，資本主義的な枠にとらわれている。それゆえ，それは，社会的な富と私的な富との性格のあいだの対立を克服するのではなく，ただこの対立を新たな姿でつくり上げるのである。」（同上、560－561ページ）

　株式制度は株式会社形態によって、社会的所有を実質的に生み出し「社会的な富」へと発展する通過点を形成するのですが、他方で投機をもたらし少数の大株主による「私的な富」の絶対的な支配と収奪をも生み出すのです。マルク

スは、このように株式制度（証券市場）において絶対的な支配力をもつ資本家（大株主）が生まれる可能性をすでに論じていました。

　さらに『資本論』を編纂したエンゲルスは、マルクス存命時にはなお未発達であった証券取引所が資本主義の中心となるという見地に立ち、マルクス以上に証券市場を重要視し「『資本論』第3部への補遺」の最後の節に「証券取引所」を置きました。それはマルクスの議論を発展させるものでした。

　　「今日では証券取引所に著しく高められた役割を与えており、しかもその役割はますます大きくなりつつある。……この変化がさらにいっそう発展すれば，それは工業も農業も含めての全生産を、また……全交易を，証券取引業者の手に集中して行く傾向があり，こうして証券取引所は資本主義的生産そのものの最も際立った代表者になるのである。」（同上、1158ページ）

　今日の資本主義は、マルクス、エンゲルスの卓見の通りに、まさに証券取引所（証券市場）を中心とした株式会社の段階に至っていると見なければなりません。マルクスが株式制度（証券市場）の中に私的な富の暴走（投機や不正）を見出し、エンゲルスが証券市場の強大化を論じた点は、ヒルファーディングの議論の先駆をなしていると見ることができます。

　しかし、ヒルファーディグとマルクスとの相違は、マルクスが株式会社の通過点性とともに「株式制度のうちには，すでに社会的の生産手段が個人的所有として現れるような古い形態にたいする対立が存在する」として、証券市場の通過点性をも見据えている点です。

　　「信用制度に内在する二面的な性格、すなわち、一面では、資本主義的生産のばねである他人の労働の搾取による到富を最も純粋で最も巨大な賭博・詐欺制度にまで発展させて、社会的富を搾取する者の数をますます少数にするという性格、しかし、他面では、新たな生産様式への過渡形態をなすという性格、―この二面性こそは、……信用の主要な代表者に詐欺師と未来告知者との愉快な混合した性格を与えるものである。」（同上、563ページ）

マルクスの論理に従えば、私的な富の暴走（投機や不正など）を制御し、社会的な富へと発展するように株式制度（証券市場）を規制し管理することが対立の止揚となります。株式会社の管理と同様に，証券市場の社会性・公共性を発揮させるための規制と管理が大きな課題となるのです[16]。

6．企業と市場をめぐる変革

（1）企業の変革

　資本の自己否定を引き起こし企業と市場を変革へと導く条件は熟しつつあります。しかし、資本の力は依然として強力であり、グローバリゼーションの中で資本の横暴性は強まっています。投機的な株主はますます私的所有の権限を行使し、「生産過程を無視した資本所有の果実」を求めようとしています。

　それに対抗して株式会社の資本性を抑え込み、社会的存在へと変えていくことが変革的な課題となります。それは、株式会社および証券・金融市場というシステムを、資本の側と社会の側のどちらのものとするか（私的な富とするか社会的な富とするか）という対立です。資本主義の中に生まれた脱資本主義的要素の増大化を図ることをめぐる対立です。そうした対立をめぐる「つなひき」のような「漸進的変革」が長期にわたって行われることになります（**図表10 参照**）。

　「漸進的変革」という見地に立つとすれば、「会社は資本であり敵」とするような見方とは異なった変革方向を考えざるをえません。資本主義の資本性を抑えて眠り込ませ、資本主義の転換を進めることが変革となるのです。そうした過程は、図表に示すように様々な規制の強化、法・制度の改革、労働運動や市民社会の運動などの広範で長期にわたるトータルな展開となるでしょう。

　株式会社をめぐっては、以前から、会社は株主のものであるとする株主資本主義の考え方が理論的にもイデオロギー的にも強い影響力をもっていました。それはさらに新自由主義としてこの間のグローバル資本主義を支える理

16 小栗崇資「証券市場の共同管理とディスクロージャー規制」21 世紀理論研究会『資本主義はどこまできたか—脱資本性と国際公共性』日本経済評論社、2005 年。

118

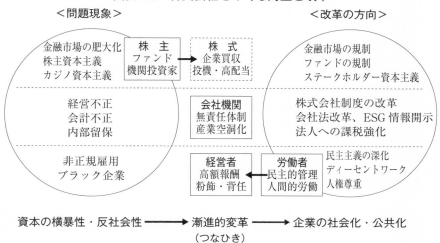

図表10　株式会社をめぐる対立と改革

＜問題現象＞　　　　　　　　　　　　　　　　＜改革の方向＞

金融市場の肥大化　　**株主**　　　**株式**　　金融市場の規制
株主資本主義　　　ファンド　　企業買収　　ファンドの規制
カジノ資本主義　　機関投資家　投機・高配当　ステークホルダー資本主義

経営不正　　　　**会社機関**　　株式会社制度の改革
会計不正　　　　無責任体制　　会社法改革、ESG情報開示
内部留保　　　　産業空洞化　　法人への課税強化

非正規雇用　　**経営者**　　**労働者**　民主主義の深化
ブラック企業　高額報酬　　民主的管理　ディーセントワーク
　　　　　　　粉飾・背任　　人間的労働　人権尊重

資本の横暴性・反社会性 ────→ 漸進的変革 ────→ 企業の社会化・公共化
　　　　　　　　　　　　　　（つなひき）

（出所）筆者作成。

念・政策となって世界を席巻しました。しかし、格差・不平等を拡大し社会を分断に陥れた新自由主義への批判が現在では世界中で広がっています。株主資本主義、新自由主義的資本主義に対して「ステークホルダー資本主義」が提唱されつつあります。資本主義の枠内ですが、株主資本主義からステークホルダー資本主義に変化していくとすればそれは漸進的ではありますが、大きな変革となることは間違いありません。

　ステークホルダー資本主義へと転換するためには、現在の株式会社制度の改革が必要となります。株主への利潤の分配、内部留保への株主の請求権が現在の会社制度の基礎にありますが、そうした株主中心の制度を変えなくてはなりません。そのためには会社法を変えることが求められます。そこでは会社の社会的責任が規定されることも必要です。今日では企業が、環境（E）や社会（S）、企業ガバナンス（G）にどのように取り組んでいるかについての情報開示、ESG情報開示が求められるようになってきています。企業はESGにどのような経営で臨むかが問われはじめています。会社法やそれに関連する様々な法や制度の中でそうした企業の姿勢を規制することが進んでいくと思われます。

　また、企業における労働のあり方にも改革が求められています。人間らしい

仕事を要請するディーセントワークの推進や男女の平等を求めるジェンダー平等、企業およびサプライチェーン上の関連企業における人権尊重をもとめる「ビジネスと人権」の取り組みなど、企業内外の労働環境の改善が提起されてきています。

　さらに労働者や市民の企業ガバナンスへの参加も課題になってきています。企業経営への労働者・労働組合の参加や企業を監視する市民団体・NPOとの対話などが検討されつつあります。こうした様々な運動や改革の取り組みが企業（株式会社）を変革していくことにつながります。簡単なことではありませんが、そうした改革は漸進的変革として進められなければなりません。そうした漸進的変革が様々に行われることによって「量から質への転化」が生まれるはずです。そうした中で企業では民主的管理が進み、企業の社会的役割が発揮されるようになり、企業は次第に社会的・公共的存在に近づいていくと考えられます。

（2）証券・金融市場の変革

　企業の変革と連動して証券・金融市場も変化していきます。証券・金融市場の投資家も、企業が環境（E）社会（S）ガバナンス（G）に対する取り組みを行うようになりステークホルダー資本主義への移行を進めるようになると、そうした企業への投資を強めるようになります。機関投資家は年金や保険のための資金の拡充を求める一般市民によって形成されていますが、市民が企業の変化を求めるようになると証券・金融市場はESG投資を強める方向へと進んでいきます。ESG投資の要請が強まれば、それを受けて企業の側も対応が迫られることになります。

　企業と市場が連動して、変革へと向かうようになるかどうかが大きなポイントになるといわなければなりません。そのためには会社制度の改革とともに証券・金融市場制度の改革も必要となります。会社制度の改革が会社法の改革を軸とするのであれば、同様に証券・金融市場制度の改革においては金融商品取引法（証券取引法）や銀行法などの改革が求められます。

　企業の改革を問うことは、単なるスローガンではなく、株式会社が社会的・公共的存在となりうる客観的な根拠にもとづく正当な要求であるといわねばな

りません。そうした企業と市場の変革の可能性と道筋をマルクスの理論は示しています。

　マルクスの社会理論は疎外の克服を求める理論であり、疎外を完成させた資本の支配を抑え込むことが疎外を克服する道であることはすでに述べました。その際の疎外の克服は、株式会社の変革、企業と市場の変革を中心に進まざるをえないことは明らかです。しかし、その過程は長期の漸進的変革であることも確認しなければなりません。したがってそれは資本主義を改革していく長期の運動となります。企業がどのような形態で社会的・公共的存在となっていくかは、私たちの認識をどう変えていくか、法や制度をどう変えていくか、民主主義の力をどう創造的に発展させていくかにかかっているといわなければなりません。企業と市場の変革は、資本主義の改革と民主主義の展開の重要な構成部分として取り組まれていくものと思われます。

7．企業変革論と SDGs

　SDGs の実現には企業の変革が重要な要素として組み込まれています。17 の目標の多くは企業の協力や企業経営の転換なしには実現しません。

　環境の面では、気候変動への対応、海陸の環境の保護や再生のために、企業のエネルギー対策や環境対策の改善が不可欠です。それには製造・流通のシステムや技術の革新が必要となり、企業の経営戦略の転換が求められます。

　社会の面では、貧困をなくし健康と福祉を守るための企業の協力が重要ですし、ジェンダー平等や人権尊重を企業経営において実現することが要請されます。また、レジリエント（強靭）なインフラの構築や持続可能なまちづくりへの企業の積極的な関与・協力が必要となります。

　経済の面では、環境の悪化を伴わない経済成長のために、資源効率がよく高付加価値を生む産業への転換が要求されますが、そのためのイノベーションや新たな雇用創出の担い手としての企業の活躍が期待されます。企業では労働環境を改善して、働きがいのある人間らしい仕事（ディーセントワーク）、同一労働同一賃金の達成を追求することも重要となります。さらに持続可能な生産・消費の形態をつくるための食品ロスや廃棄物を削減する取り組みも企業に

おいて求められます。

　このような様々な取り組みは、企業経営のあり方を変えることなしには可能となりません。SDGs の基本骨格は不平等の解消、格差の是正、ジェンダー平等、人権の尊重等にありますが、企業の様々な取り組みもそうした社会的な変革の課題とかかわらざるをえません。SDGs は企業の変革を求めているということを強調しなければなりません。企業の変革なしに SDGs は実現しないのです。SDGs の実現の成否は企業がどの程度、社会的・公共的な役割を果たすようになるかにかかっています。

　企業の変革と連動して証券・金融市場の変革も求められます。企業が社会的・公共的な要素を強めるには、証券・金融市場がそうした企業への投資を積極的に行うようにならなければなりません。証券・金融市場の投資家や資金提供者が、企業の変革を後押しするようになることが重要なポイントとなります。しかし、そのためには株主資本主義的な経済の中で利益追求（配当や利子、キャピタルゲインの追求）に奔走していた投資家や資金提供者の意識や姿勢が変わっていかねばなりません。証券・金融市場の変革が進むことが、企業変革とともに資本主義が転換していくかどうかを左右するものとなります。

　SDGs においてはそうした取り組みが進もうとしている点が重要な特徴となっています。2006 年の国連 PRI で ESG 投資の重要性が提起されて以降、ESG は SDGs の推進の中の重要テーマとなってきました。企業の側の ESG 情報開示の促進とそれを投資のインセンティブとした証券・金融市場の側の ESG 投資の拡大が進み始めています。EU のサステナブル・ファイナンスでは、EU タクソノミーという形で脱炭素や環境保護への取り組みについての情報の開示が義務化されるようになっています。こうした証券・金融市場改革の取り組みは、マルクスの企業変革論において示唆されていた「株式制度」の中の社会的富の増大を図り、生産様式の過渡的形態を証券市場のシステム内に築いていくという未来予想が現実化してきたものと見ることができます。

　企業の変革、企業の社会的・公共的な存在への転換、証券・金融市場の社会的・公共的機能の促進は、マルクスの変革論の中心的課題であることはすでに述べた通りです。SDGs はそのようなマルクスの変革論、特に企業変革論から見て、理論の核心部分を実現するような具体的な取り組みであると考えられま

す。マルクスの企業変革論にようやく現実が追いつき、SDGs という具体的な姿をとり始めたといえるのではないでしょうか。SDGs の求める企業の変革は、まだ端緒的で不十分な点もありますが、マルクスの構想した変革が具現化し始めたととらえるべきです。

　前章で、SDGs は資本主義の改革と民主主義の発展を目指し、人間社会の基礎となる環境と人権の課題に取り組む運動であると述べましたが、SDGs の中の企業変革を促進する取り組みは、資本主義の改革と民主主義の発展の中核となる運動であるといわねばなりません。

　企業の変革は資本主義の転換のコアとなる非常に大変な課題であることはいうまでもありません。資本の物象化した企業は、労働の疎外によって生み出されたもので、現瞬間も生み出され続けています。その企業を変えるには労働者、市民が企業に対する意識を変え、企業を社会的・公共的存在に変えることの必要性を認識していかねばなりません。SDGs の取り組みはそうした社会的意識を変える重要な契機となるものです。マルクスの企業変革論が SDGs という形をとって実体化され、SDGs の進展とともに企業の変革が進むことが期待されます。

第6章　企業の変革とSDGs（1）
─ 会社制度・人権・環境 ─

1．企業変革への動き

（1）国連を中心とした動き

　雑誌『世界』（岩波書店）は2021年9月号で「企業を変える─気候・人権・SDGs」という特集を組みました。それまで「企業との闘い」や経営指南のための「企業の変革」というテーマは様々な書籍や雑誌で見られましたが、筆者の知る限り企業のあり方を抜本的に問う「企業を変える」というテーマは初めてのことです。それは、企業の変革の動きが少しずつ現実味を帯びてきたからであると考えられます。現代の諸問題の多くは企業行動と関連していますが、問題の深刻度が深まるにつれ、企業のあり方を変える必要性が認識されてきたということでもあります。

　特に国連の、SDGs策定の過程およびSDGsの提唱以降における様々な取り組みの中で、企業の変革を求める動きが具体化してきました。SDGsは国連の長年にわたる多国籍企業規制の取り組みを前提にしていますし、デジタル社会化の中でプラットフォーム型の多国籍企業をどう規制するかは今日の重要な課題となっています[1]。すでに述べてきたように人権問題、気候変動問題を含む広い意味でのSDGsの取り組みが、多国籍企業規制にとどまらず企業変革という重要なテーマを提起することとなったということができます。

　第1章で述べましたが、国連が2000年に提起したグローバル・コンパクトが企業変革の提起の始まりでした。グローバル・コンパクトは、企業に人権と労働権の尊重、雇用差別の撤廃、環境への責任、腐敗防止など10の原則を遵守することを誓い、グローバル・コンパクトに参加してその原則の実行を企業

1　小栗崇資・夏目啓二編著『多国籍企業・グローバル企業と日本経済』新日本出版社、2019年。

に求める活動です。10の原則は、それまでに世界が合意した「世界人権宣言」「国際労働機構（ILO）の就業の基本原則と権利に関する宣言」「環境と開発に関するリオ宣言」にもとづくものとして提起されました。

そしてそのような原則遵守の活動を証券・金融市場にも求めたのが、2006年の「国連責任投資原則」（PRI：Principles for Responsible Investment）の提起でした。投資家（主として機関投資家）に6つの原則の遵守を求め、そのための協力を要請しました。6つの原則は、後半の3つはPRIの普及に関するものですが、前半の3つが「投資分析と意思決定プロセスにESGの視点を組み入れる」「株式の所有方針と所有慣習にESGの視点を組み入れる」「投資対象に対し、ESGに関する情報開示を求める」というようなESGに関するものです。ESGとは環境（E）社会（S）企業ガバナンス（G）を意味する言葉で、PRIの提起により普及しました。環境・社会・ガバナンスへの視点からの投資（ESG投資）を促進し、企業にもESG情報開示を求める活動がPRIです。

その後、2007年に「ビジネスと人権のための枠組み」、2011年に「ビジネスと人権に関する指導原則」が公表され、企業が人権にどう取り組むべきかについての方向が示されたことは第1章で述べた通りです。

このように、企業の変革をめぐる国連の問題提起が積み重なり、そうした全体がSDGsの重要な構成部分として形成されていきました。そのような点から見れば、SDGsは企業の変革を促進する取り組みであるということができます。SDGsを組み込んだEUの政策も重要な契機となって、企業の変革を求めるものとなっていることは第2章で述べた通りです。

（2）ステークホルダー資本主義

世界経済はこの数十年の間に大きな変化を遂げ、資本主義はグローバル資本主義、金融資本主義として大きく変貌してきました。資本主義がかつてない規模で国境を越え多国籍に展開されるようになる中で、グローバル資本主義の理論として構築されたのが新自由主義です。この間、新自由主義的な理論と政策によって資本主義の発展が図られてきましたが、それは株主資本主義という形態で一握りの富める者をさらに富ませる結果をもたらし、世界中で貧困と格差を拡大させ、富の極端な偏在を招くこととなりました。また資本の無秩序な

自然の収奪の結果、気候変動が人間の存続を脅かすほどの環境破壊をもたらすものとなりました。他方、このような問題への批判の声や運動が高まるとともに、新自由主義の見直しが始まり、欧米ではその転換が模索されるようになってきました。

　SDGsや気候変動への活動は、そうした新自由主義からの転換を求める一環ですが、さらに資本主義そのもののあり方を問う議論も生まれています[2]。それが、世界経済フォーラムや企業団体からのステークホルダー資本主義の提起です。

　ステークホルダー重視を打ち出したのは、2019年8月のアメリカの経営者団体ビジネス・ラウンドテーブルの声明です[3]。声明は、株主第一主義を見直し、すべての利害関係者の利益に配慮することを宣言しました。これまでの「株主資本主義」「新自由主義」が格差拡大等の社会問題を生み出してきたことへの批判の高まりに押されて生まれた変化です。そして、2020年1月には世界経済フォーラムがダボス会議において、1973年創設時のマニフェストの改訂を行ない、「ステークホルダー資本主義」（Stakeholder Capitalism）をめざすことを宣言しました。世界経済フォーラムによるステークホルダー資本主義の提起は、経済のあり方に新たな方向性を与える大きな問題提起となりました[4]。それは資本主義を維持するための延命策の提案でもあります。

　ステークホルダー資本主義の提起は、資本主義の行き詰まりの打開という面とともに資本主義そのものの改革を促す面をもっていますが、その議論は、企業のあり方や証券・金融市場のあり方の転換を提起する点に特徴があるといえます。ステークホルダー資本主義の中心的な課題となるのは、株主中心からステークホルダー中心の企業への転換です。つまり企業の変革がステークホル

---

2 レベッカ・ヘンダーソン（高遠裕子訳）『資本主義の再構築─公正で持続可能な世界をどう実現するか』日本経済新聞出版、2020年。
3 ビジネス・ラウンドテーブルはアメリカの代表的な財界組織であり、主要企業約200社のトップによって構成される。声明は181名の経営者によるもので、タイトルは「企業のパーパスに関する声明」（Statement on the Purpose of a Corporation）である。
4 世界経済フォーラムのマニフェストには「公平な課税、反汚職、役員報酬、人権の尊重を含め、現代における重要な問題に言及するステークホルダー資本主義のビジョンを示す」とする改訂がなされた。

ダー資本主義の中心テーマとなります。

　そのためには、企業におけるステークホルダーについての検討が必要となります。企業に関係する個人や組織は「ステークホルダー」として位置づけられます。企業にかかわる広範な関係者を、利害関係を有する「ステークホルダー」と呼ぶようになったのは近年のことです。従来の企業論では中心となる利害関係者は株主や債権者に限られており、株主は「ストックホルダー」「シェアホルダー」と呼ばれていました。そこでは従業員や消費者などは企業活動の影響を受ける客体であって主体ではありませんでした。

　株主や債権者を含めた利害関係者として様々な人間や組織を「ステークホルダー」と呼ぶようになったのは、そうした関係者を企業に対して利害関係を有する主体として認識するようになったことによります[5]。ステークホルダーは単なる呼称ではなく、組織や社会の構造変化を表すキーワードとなっています。

　近年、ステークホルダー企業論が提唱されるようになりましたが、そこでは「幅広い公共目的を果たす役割をもち、社会のための価値を創造する」のが企業であるとし、そうした企業は「多様な義務を負い、すべてのステークホルダーの利益が考慮に入れられなければならない」としています[6]。

　そのようにステークホルダーに貢献する存在として企業をとらえるのですが、さらにステークホルダーを幅広くとらえる点にも大きな特徴があります。ステークホルダーには、株主や債権者、従業員、消費者、政府の他に、コミュニティや非営利組織、環境まで含まれるとしています[7]。気候変動が問題となる今日において、ステークホルダーの一つに環境を位置づけることは、企業の責任範囲を自然にまで広げる試みとなっています[8]。ステークホルダーに

---

5 入山は「世界の様々なところで株主や債権者に限らず、従業員、顧客、さらには地域社会、NPOなどの多様なプレーヤーをステークホルダーに位置づける流れが起きている」とし、「多様なステークホルダーを前提した時代に、どのような企業ガバナンスを機能させていくか」が課題となっていると述べている（入山章栄『世界標準の経営理論』ダイヤモンド社、2019年，653－654ページ）。経営学におけるステークホルダー理論についての紹介は同書の663ページを参照。
6 Lawrence, A.T., and J. Weber, *Business and Society: Stakeholders, Ethics and Public Policy*, McGraw-Hill Education, 2020, p.6.
7 Ibid., p.19.
8 SDGsを企業行動の指針とするために作成されたSDGコンパス（SDG Compass）では広

貢献する企業を提起することは、株式会社のコペルニクス的転回とも呼ぶべき企業の変革につながるものです[9]。ステークホルダー経営の提唱とそれにもとづく企業の変革は、資本主義の改革や転換へと向かう方向を示唆するものとなるといわねばなりません。

「ステークホルダー」は組織や社会のあり方を変えるうえでの重要な概念となっています。政治学における民主主義論においても、ハーバーマスの「熟議民主主義」、シャンタル・ムフの「闘技民主主義」の議論を経て、「ステークホルダー・デモクラシー」が提起されるに至っています[10]。意思決定に幅広いステークホルダーの参加を確保することが、問題解決のための合意形成にとって重要であるとする民主主義論です。すべてのステークホルダーの参加という考え方は、SDG s にも貫かれていて、「誰1人取り残さない」ためにすべてのステークホルダーを尊重し、「グッドガバナンス」を求めるステークホルダー参加型の民主主義によって、今日の深刻な問題群の解決に向かうという方向が提起されています。

「ステークホルダー」が企業や経済の中に位置づけられるようになれば、それらは企業や経済の変革を促す重要な概念装置となると考えられます。「ステークホルダー」のための企業への転換が、ガバナンス構造や企業行動の面で行われるようになることによって、資本主義は変革の過程に進んでいくこととなるでしょう。

以下では、企業変革について、株式会社制度、人権、環境、情報、会計、経営戦略などの個別テーマの面から検討してみたいと思います。

範なステークホルダーを提起している。United Nations Global Compact, GRI and WBCSD, SDG Compass : The guide for business action on the SDGs, 2016. 日本語訳「SDG Compass： SDGs の企業行動指針―SDGs を企業はどう活用するか」参照。
9 コリン・メイヤー（宮島英昭監訳、清水真人・河西卓弥訳）『株式会社規範のコペルニクス的転回』東洋経済、2021 年。
10 山本圭『現代民主主義』中公新書、2021 年、松尾隆佑『ポスト政治の政治理論―ステークホルダー・デモクラシーを編む』法政大学出版局、2019 年。Macdonald, Terry, *Global Stakeholder Democracy: Power and Representation Beyond Liberal State*, Oxford University Press, 2008.

2．株式会社制度の転換

　上記のようにステークホルダー資本主義への転換が求められているのですが、企業のガバナンスや行動が株主・投資家中心からすべてのステークホルダー中心に変化していくには、株式会社制度の改革が重要な課題となります。企業変革の成否は株式会社制度をどのように転換し変革できるかという点にあります。

（1）会社の形成・発展の歴史

　古代から人間は共同で事業を行う経験を積み重ねてきました。古代ローマやアラブ、中国でも商業活動において家族・同族を中心とする共同事業が営まれましたが、永続的な組織である会社のような仕組みは作られませんでした。ローマ帝国崩壊後の中世の時代は各領主の支配下での農業を基盤とする封建制へと移行し、商業活動の停滞が生まれました。そうした中で唯一、商業が発達し豊かな経済を生みだしたのが、12世紀以降の北イタリア地域（フィレンツェ、ヴェネツィアなど）の都市国家でした。君主ではなく、十字軍を契機とする地中海貿易により富をたくわえた商人や貴族が都市国家の運営の中心となり、経済だけでなくルネッサンスのような文化・芸術・思想の発展を担いました。当時もっとも科学技術の尖端にあったアラブ地方の科学や文化を積極的に受け入れたことも発展の源泉となりました。

　そうした中で生まれたのが共同出資会社（最初は期間組合）や銀行です。共同出資会社は「クム」（共同）と「パニス」（パン）を組み合わせて「コンパーニア」（パンを一緒に食べる仲間の意味）と呼ばれましたが、それが会社「カンパニー」の語源です。同じ時期に銀行（バンク）も金貸しの机を意味する「バンコ」を語源として誕生しました。株式会社の前身の共同出資会社（コンパーニア）はイタリアのフィレンツェで生まれ、次第に会社形態へと発展し、やがて株式会社へと至ります[11]。

---

11 ジョン・ミクルスウェイト＝エイドリアン・ウールドリッジ（鈴木泰雄訳）『株式会社』ランダムハウス講談社、2006年。

世界で最初の株式会社は、1600年のイギリスにおける東インド会社および1602年のオランダにおける東インド会社といわれています。株主の出資による有限責任制（責任範囲を出資に限定するという制度）の会社ですが、当時はまだ王の勅許状により認められる特別の会社でした。鎖国状態にあった江戸時代、長崎の出島に交易で出入りしていたのがオランダの東インド会社です。同名の会社はフランスやスウェーデン、デンマークでも設立されアジアへの進出の担い手となりました。しかし、これらの植民地開発をめざす株式会社は特別の特許によって認められたもので、国有企業に近い存在でした。

　そして、そうした勅許会社に刺激されて、次第に海外開発への民間の投資熱が生まれるようになり、株式会社形態が広がっていきました。1700年代になるとフランスとイギリスで株式会社の大ブームが起きました。1720年頃の同じ時期に、フランスではミシシッピー会社、イギリスでは南海会社の株式が人気を博しました。ミシシッピー会社は北アメリカの開発を目的とする会社でしたが、金の採掘や貿易の独占への期待が高まり、株価が高騰しました。南海会社は南アメリカの開発を目的とする会社で、貿易の独占権を得て金山・銀山の開発などを目指そうとしたことで、やはり株価が急騰しました。

　しかし、いずれも詐欺同然でほとんど実体がなく、株価のバブルはまたたく間にはじけてしまいました。国もかかわっていたこともあって、フランスは国家の破産状態となりました。イギリスではイングランド銀行に南海会社の債務を肩代わりさせるなどして、かろうじて国家破産は免れましたが、国民の間での株式会社への不信は高まる一方でした。1720年にはイギリスで「泡沫会社禁止条例」が制定されました。英語でBubble Actといいますが、バブルという言葉はここから生まれたとされています。

　この泡沫会社禁止条例は、危険なものとして株式会社の設立を禁じる法律でした。その後、約100年にわたってこの法律が続きました。今日では当たり前な存在の株式会社ですが、株式会社が信用を得て社会で活用されるようになるまでには長い時間が必要であったといえます。1800年代になってようやく株式会社は社会に受け入れられるようになります。1825年に「泡沫条例廃止法」が制定されたことで、株式会社形態は一般に普及することになりました。イギリスの産業革命が進む中で、大規模な投資の必要な運河会社や鉄道会社が株式

会社形態を必要としていたからでもあります。

　そうしたイギリスで株式会社に関する法律が作られるに至りました。1844年の「会社登記法」がその最初です。そこではじめて、準則主義（法律に則れば許可を求めずに誰でも会社を設立できるという考え方）による有限責任にもとづく株式会社の設立が認められました。同時に株式会社に対して、会計情報（貸借対照表）の開示が義務づけられましたが、株式会社の制度化の際に情報の開示が義務化されたことは重要な点です。会社が詐欺の温床だったことへの教訓からきています。その後、1856年の「株式会社法」へと発展し、株式会社が制度として整備され今日へと至っています[12]。株式会社に関する法律は国によって、会社法という名称が使われたり、商法という名称が使われたりしますが、会社を規制する法律という点では同じ役割を果たしています。

　こうした過程を振り返れば、最初は商人たちの私的な組織であった会社が次第に社会や経済に影響を及ぼす組織となり、法律によって規制を必要とする存在となっていったことが会社の歴史であるといえます。それは会社が共同事業によって経済の発展を担うものであるとともに、法の規制がなければ社会に被害や混乱をもたらす危険なものとなることを意味しています。泡沫会社禁止条例によって100年間、株式会社が禁止されたことがそれを証明しています。

　その後、19世紀半ばになって株式会社が法的に認められるようになったのは、株式会社が社会的信頼を回復することができたことによりますが、会社が社会的役割を果たすことを期待されたからでもあります。法的制度化の経緯からみれば、会社法は株式会社について、単なる私的存在としてではなく、株主への配当制限などによる債権者保護や会社情報開示などによる社会的信任を得る仕組みをもった社会的存在として制度化してきたということができます。今日では株式会社の社会的役割をより顕在化させる形で会社制度の改革が進もうとしています。

---

12 小栗崇資『株式会社会計の基本構造』中央経済社、2014年。

（2）会社法の改正の動き

① イギリス会社法の改正

　株式会社制度を変える動きは、近年では 2006 年のイギリス会社法改正から始まっています。2006 年に改正されたイギリス会社法の重要な特徴の 1 つは、判例法として明文化されていなかった取締役の一般義務を制定法として 172 条に明記し、その中で取締役の責任の枠を拡大したことです[13]。「172 条は、企業の責任ある行動、に対する厳しい批判の高まりを背景として、政府主導で会社法に追加された」といわれています[14]。172 条 1 項は次の通りです[15]。

---

　172 条　会社の成功を促進すべき義務

（1）　会社の取締役は、当該会社の社員全体の利益のために当該会社の成功を促進する可能性が最も大きいであろうと誠実に考えるところに従って行為しなければならず、且つ、そのように行為するに当たり（特に）次の各号に掲げる事項を考慮しなければならない。

（a）　一切の意思決定により長期的に生じる可能性のある結果

（b）　当該会社の従業員の利益

（c）　供給業者、顧客その他の者と当該会社との事業上の関係の発展を促す必要性

（d）　当該会社の事業のもたらす地域社会および環境への影響

（e）　当該会社がその事業活動の水準の高さに係る評判を維持することの有用性

（f）　当該会社の社員相互間の取扱いにおいて公正に行為する必要性

---

　172 条は冒頭で、「当該会社の社員全体の利益」、すなわち株主全体の利益のために努力すべきことを述べていますが、それだけでなく従業員や供給業

---

13 西森亮太「ステークホルダー資本主義と会社法会計」小栗崇資・陣内良昭編著『会計のオルタナティブ―資本主義の転換に向けて』中央経済社、2022 年。
14 林順一「イギリス企業の CG コード対応に見る従業員とのエンゲージメント」『企業会計』Vol.71、No.1、51 ページ。
15 イギリス会社法 172 条 1 項の邦訳は、中村信男・田中庸介「イギリス 2006 年会社法（2）」『比較法学』41 巻 3 号、2008 年、203 ページにもとづくもの。

者、顧客、地域社会、環境等を考慮しなければならないという規定を新たに導入しています。株主を主としつつ、その他の利害関係者の利益も含めて考慮する考え方は、インクルーシブ（包含）・アプローチ（Inclusive Approach）といわれるものです。

インクルーシブ・アプローチは啓蒙的株主価値（Enlightened Shareholder Value）とも呼ばれ、取締役は株主の利益を第一義的に考えるべきであるが、さらに株主価値を向上させるために、従業員の利益やその他ステークホルダーの広範な利益を考慮する義務があるという考え方です。これまでの株主の利益に対する取締役の責任という考え方からの一歩前進であるということができます。

これに対して、プルーラリスト（多元的）・アプローチ（Pluralist Approach）という考え方もあります。プルーラリスト・アプローチとは、株主と株主以外とのステークホルダーの利益を同等とみなし、利益が衝突した場合には、株主以外のステークホルダーの利益を優先させることもありうるという考え方です。インクルーシブ・アプローチとプルーラリスト・アプローチとの違いは、株主を主とするか、他と同等と扱うかという点にあります。2006年の会社法改正の際には、この2つのアプローチにもとづき論議が行われ、結果としてインクルーシブ・アプローチが採用されました。プルーラリスト・アプローチが採用されていれば、ステークホルダー資本主義の観点から見て、会社法はより大きく変わったことでしょう。これ以降、インクルーシブ・アプローチからプルーラリスト・アプローチの方向への転換を求める動きは活発になっています。

② ガバナンス構造のさらなる改革

2017年には、イギリス政府によって出された報告書の中で「取締役が株主以外のステークホルダーの利益や、意思決定の長期的な結果を考慮する（取締役の）義務を真剣に考えるようにするために、より有効な施策をとるべきであること」「そのうえで、172条の義務の履行状況が記述的に報告されるようにすべきことを求めた」とされています[16]。そしてこれを受けて、2018年には

---

16 林、前掲論文、53ページ。

コーポレートガバナンス・コードの改訂が行われました。

　特にこの改訂の中で、ステークホルダーのためのガバナンスへの改善が進み、従業員の声を経営に反映する仕組みが導入されることになりました。その点は会社法の運用を変える大きな前進となったと考えられます。コードでは「企業が株主およびステークホルダーに対する責務を果たすため、取締役会はこれらの関係者に対し、実効的な対話を行うとともに取締役会への参画を働き掛けるようにすべきである」と、その考え方が述べられています。そしてその具体策として、従業員の視点の反映のために、次の3つの手法が提示されています。

① 従業員代表の取締役への受け入れ
　　従業員を代表して選任された「従業員取締役」を通じて、従業員の視点を経営に反映
② 従業員に諮問する正式な会議の設置
　　労働組合とは別に、従業員から直接意見や助言を求める正式の場を設けて経営に反映
③ 従業員との対話を担当する非業務執行取締役の配置
　　「従業員担当取締役」を設け労働組合、従業員との対話を通じてその声を経営に反映

　この3つのうちの1つ以上を選択し実施することが上場会社に義務づけられました。3つを選択しない場合は、それに代替する実効的な策を実施しなければなりません。イギリスでは2019年からその実施状況を会社の事業報告書の中で開示することも義務化されています。

　そしてイギリスではステークホルダーのための会社に転換させるために、会社法のさらなる改正を求める運動が始まっています。ベター・ビジネス・アクト（より良い企業法）という名称のもとに、会社法の172条の改訂を求める運動です[17]。改訂においては次の4つの原則を導入すべきとしています。「株主

17「日本経済新聞」2022年4月15日。

の利益は社会や環境を良くすることに沿うものでなければならない」「取締役
はすべてのステークホルダーの利害を尊重しなければならない」「ステークホ
ルダーに便益をもたらすことがすべての会社に義務づけられねばならない」
「会社は社会と環境、利益のバランスを図っていることを情報開示しなければ
ならない」という4つの原則です。

　この提案はプルーラリスト・アプローチをさらに徹底する画期的なもの
で、それが実現すれば会社法の抜本的な転換となります。上場企業に限定する
ことなくすべての株式会社が株主中心の経営からステークホルダーを重視
し、社会と環境に配慮した経営を義務づけられることになります。会社法が誕
生したイギリスで会社法の新たな段階が築かれようとしているのです。

③ フランスやアメリカの動き

　他の国でもそうした改革への動きが始まっています。

　2019年4月にフランスで「企業成長と変革行動計画」法が制定されまし
た。その中で、「会社はその事業活動に関する社会的および環境上の問題を考
慮して、社会の利益のために管理運営される」という規定を設け、会社定款で
会社の「レーゾンデートル（存在理由）」を記載することができると定めてい
ます[18]。社会の利益を目指す「使命を果たす会社」が法的に認められたという
点で画期的な法律です。食品メーカーの「ダノン」はその第1号です。「ダノ
ン」は会社定款に社会と環境に関する目標を掲げ、「使命を果たす会社」とし
て登録されました。その使命の遂行については、10名の有識者による「ミッ
ション委員会」と第三者機関が作られ評価・監督されることになっています。

　アメリカでは、民主党の大統領候補にもなったエリザベス・ウォーレンが
2018年に上院に「責任ある資本主義（Accountable Capitalism）」という法案
を提出しています[19]。この法案は、イギリス会社法の172条と同様の規定とと
もに、会社取締役の40％以上は従業員による選挙によって指名されるという

---

18 上村達男『会社法は誰のためにあるか—人間復興の会社法理』岩波書店、2021年、93
－94ページ。
19 奥平旋『社会的企業の法—英米からみる株主至上主義の終焉』2020年、信山社、12－
15ページ。

規定を導入した法案です。同じく民主党の大統領候補だったバーニー・サンダース上院議員も取締役の 45％を従業員から選出することを提案しています。ウォーレンの法案は可決には至りませんでしたが、2019 年のビジネス・ラウンドテーブルのステークホルダーのための経営の提起は、この法案に刺激を受けたものとされています。

　また、アメリカでは各州の会社法において「ベネフィット・コーポレーション」という新しい会社形態が 2008 年のリーマンショック後に導入され、すでに 40 近い州に広がってきています[20]。これはステークホルダーへの貢献に加え、環境や貧困などの社会的課題の解決を事業の目的とする会社です。ベネフィット・コーポレーションでは、社会への貢献を会社定款に定め、取締役は「公共の利益」を考慮した公益に沿う経営が義務づけられます。アメリカではすでに約 7,700 社のベネフィット・コーポレーションが設立されており、上場企業では有名な「パタゴニア」がそれに加わっています。

　このように株式会社制度の転換は会社法の改革の動きとして具体化してきているのです。第 5 章のマルクスの企業変革論で考察した株式会社をめぐる漸進的変革が現実的なものになってきているといわねばなりません。

3．企業における人権尊重

（1）「ビジネスと人権に関する指導原則」

　企業における人権尊重の推進は企業変革の重要な課題です。それはステークホルダーのための経営への転換とも密接に関連しています。

　企業における人権尊重をめぐる取り組みは、すでに述べたように国連の2011 年「ビジネスと人権に関する指導原則」（以下、指導原則）が起点となっています。そこで提起された課題と現状を見てみましょう[21]。

　指導原則は、①人権を保護する国家の義務（指導原則 1 ～ 10）、②人権を尊

---

[20] 同上、40 ページ。
[21] 「指導原則」についての要点説明は、日本弁護士連合会・国際人権問題委員会編『ビジネスと人権』現代人文社、2022 年にもとづいている。

重する企業の責任（指導原則11 ～ 24）、③救済のアクセス（指導原則25 ～ 31）の３つから構成されています。

　①「国家の義務」では、国家が人権を保護する義務を負っていることを明らかにしたうえで、企業における人権尊重を導くような法的規制やガイダンスの措置をとることを求めています。

　国連はこれまで世界人権宣言やそれを条約化した国際人権規約、その他の人権条約を公表しており、各国で実行する仕組みとして裁判所とは別に国内の人権機関（人権委員会など）の設置を求めています（1993年国連で決議、パリの会議で準備されたことからパリ原則と呼ばれる）。現在まで110以上の国で国内人権機関が設置されています。企業での人権尊重を推進するにはまず国内人権機関が不可欠であり、そうした機関の役割が重要となります。指導原則の注釈では、「パリ原則にしたがった国内人権機関は…企業およびその他の非国家主体に対しても人権に関するガイダンスを提供するにあたり、重要な役割を果たす」と述べています。しかし残念ながら日本では国内人権機関の設置に至っていません。国際人権条約機関はたびたび設置勧告を出していますが、日本政府はそれに応えようとしておらず、日本での人権尊重の取り組みは遅れた状態にあります。

　また指導原則ではそうした実施の仕組みを前提に、企業とビジネスの人権に関する既存の法制度の見直しとともに、まだ規制の及んでいない法分野についても法規制の導入を求めています（指導原則3）。特に企業と直接に関わる会社法などについて注釈では次のように述べています。

　　「会社法や証券法のような企業に設立と運営を規定する法および政策は、企業行動を直接形成する。しかし、これらが人権に対して有する意味は十分に理解されないままである。たとえば、人権について、企業や役員に何が許され、また要求されているのかについて、会社法および証券法は明確性に欠けている。この分野の法および政策は、会社の取締役会のような既存の統治機構にも配慮しつつ、企業が人権を尊重できるよう十分なガイダンスを提供すべきである。」

指導原則は、会社法や証券法へ、何らかの形での人権尊重についての規定を導入すべきことを国家に要請しているのです。前節で会社法の改正が企業変革の重要な課題であることを述べましたが、そうした改正においてさらに企業の人権尊重を義務づける規定を組み込むべきことが指導原則によって示されているといわねばなりません。そして指導原則はそうした法的規制の有効な措置として、人権デューデリジェンスという方法を要求しています（その具体的提起は②「企業の責任」で示されます）。

　そして「国家の義務」の提起に沿って、各国には「国別行動計画」の策定が推奨されています。20ヵ国以上が行動計画を公表し、そのうち、イギリス、フランス、オーストラリア、オランダ、ドイツ、ノルウェーが各国独自の人権デューデリジェンスに関する法を制定していることは第2章で述べた通りです。

（2）人権デューデリジェンス

　②「企業の責任」では、人権尊重の責任を果たすための企業方針やそのための手続きをもつべきであり、企業の人権への影響を認識し対処するための人権デューデリジェンスを実施すべきことを求めています。

　指導原則は、人権尊重の責任は大小に関わりなくすべての企業に適用されるとして、企業は次の3点を行うべきと述べています（指導原則15）。

　（a）人権尊重の責任を果たすために企業方針によるコミットメント（公
　　　約）をもつこと
　（b）人権への影響についての人権デューデリジェンスの手続きをもつこ
　　　と
　（c）企業がもたらした人権への悪影響からの救済の手続きをもつこと

　（a）の企業方針によるコミットメントについては、企業内外の専門家の意見をふまえ企業トップの承認を得たうえで、企業の従業員だけでなく取引関係者、製品やサービスに関係する者（消費者など）に対する人権の配慮について表明すべきであり、全従業員や多くの関係者に周知し、企業全体へ定着させるための手続きがとられるべきであるとしています。そのような要件を満たした

企業方針とコミットメントを、すべての企業は企業内外に表明すべきことを指導原則は求めています。

（b）の人権デューデリジェンスについては、指導原則17から21まで書かれています。31ある指導原則中の5つの原則を人権デューデリジェンスに当てていることは、それが指導原則の中心的な課題となっていることを示しています。国連の「ビジネスと人権」をめぐる議論で、人権尊重の強制適用に多くの多国籍企業が反対する中、特別代表のジョン・ラギーが考え出したのが人権デューデリジェンスです。人権デューデリジェンスとは、人権問題が企業に及ぼす悪影響を特定し、それを予防・軽減し、対処するための手続きをいいます。人権侵害が企業の負の影響となり経営上のリスクとなる可能性が高いことから、リスクマネジメントの一環として人権デューデリジェンスという方法が受け入れられたのです。指導原則が国連の人権理事会で全員一致の推奨という形で合意に至ったのは、人権デューデリジェンスに負うところ大であるということができます。人権デューデリジェンスは人権に関する負の影響を防ぐという間接的な手続きではありますが、人権尊重を企業・ビジネスにおける必須の課題に組み込む画期的な方法となりました。

人権デューデリジェンスの実施の具体的な指針については、OECDの「責任ある企業行動のためのOECDデューデリジェンス・ガイダンス」が参考になります。OECDガイダンスは人権にかかわる「負の影響」として、強制労働、児童労働、賃金差別、様々なハラスメントやいじめ、ジェンダー差別、進出先の住民との関係構築の怠り、市民団体・人権擁護者に対する報復、清潔な水の利用の妨害など、多岐にわたる事例を示しています。こうした「負の影響」は当該企業だけでなく、サプライチェーンやその他のビジネス上の関係にも及ぶものとされています。そして、そうした「負の影響」のリスクへの対応を企業方針や経営システムに組み込むことをガイダンスは求めています。そのシステムの中にはステークホルダーの関与（エンゲージメント）やステークホルダーとのコミュニケーションも必要であるとされ、労働組合の交渉や住民の協議も権利として認められています。

（c）の人権への悪影響からの救済については、「企業は正当な手続を通じた救済を提供しまたはそれに協力すべきである」として、その具体的なガイダン

スは次の「救済へのアクセス」にゆだねています。

　③の「救済のアクセス」では、国家には人権侵害に対する保護の義務にもとづき司法的・非司法的な手段によって救済を図ること、企業には苦情処理メカニズムを設置し、早期に救済に取り組むことを求めています。

　指導原則における①「国家の義務」や②「企業の責任」が、企業・ビジネスにおける人権尊重を推進する重要な課題であることはいうまでもありませんが、現実には人権侵害をゼロにすることはできません。そうした問題に対処するには③の救済が必要であり、そのための手段の確立が重要となります。国家や企業の人権尊重の取り組みが十分でない場合には、救済へのアクセスや苦情処理メカニズムが構築されねばなりません。その苦情処理メカニズムは実効的でアクセスが容易でなければならず、公平で透明性があり、参加型で対話にもとづくものであることが必要とされています（指導原則31）。

　以上が「指導原則」の要点ですが、このような「指導原則」にもとづき、企業方針・コミットメントの表明や人権デューデリジェンスの手続きを企業の経営システムに組み込むことが可能となれば、それ自体、企業の変革を促進するものとなると考えられます。かつては「工場の塀の中には人権はない」といわれましたが、そのような企業の専制的なあり方が通用する時代ではありません。すべての企業に人権尊重の企業方針とコミットメント（公約）の表明を求め、経営の仕組みに人権デューデリジェンスの手続きの導入を要求していくことが、企業を変えていく重要な出発的になるといわねばなりません。そのようなことに対処しようとしない企業は、人権問題に消極的ということだけでなく、「SDGsに背を向けSDGsに取り組もうとしない企業」として批判を受けなければなりません。

　日本ではようやく2020年10月に法務省から「『ビジネスと人権』に関する行動計画（2020 − 2025）」が公表されました。しかし、この行動計画は企業への協力を求める段階にとどまっており、人権デューデリジェンス法の制定の動きもありません。欧米が法的規制に乗り出している中で依然として日本は大きく立ち遅れているといわねばなりません。

4. 気候変動・環境への取り組み

（1）グリーン・ニューディール

　気候変動や環境問題への取り組みは国をあげて取り組むべき課題であり、企業の役割も重要になります。そうした取り組みは企業変革にもかかわる大きな課題です。

　気候変動や環境問題への対応は、日本が目標の曖昧なまま取り組みも低調であるのと比べて、欧米では活発で積極的です。多くの国では政治的争点となっており、それまで優先順位の低かったアメリカでも大統領選挙でのバイデン、トランプのディベートにおいて重要な争点となりました。バイデン政権は、経済、コロナ、人種差別、気候変動を重要な課題としています。エネルギーや気候変動問題が国政選挙では争点とならない日本の状況とは大違いです。

　地球温暖化や気候変動への対策を止める抗議行動や「気候ストライキ」が拡大していますが、そうした運動を背景に気候変動をめぐる訴訟も多くなっています。コロンビア大学ロースクールによると2020年5月時点で、1500以上の訴訟が行われており、さらにその数は増え続けています[22]。オランダでは国を被告とし市民団体を原告とした裁判が行われ、2019年12月には、「オランダ政府は気候変動防止のため合理的かつ適切な手段を講じる積極的な義務があり、政府は当該義務に違反した」とする判決をオランダ最高裁が下しています。これは気候変動対策を講じないことが人権侵害であり、その責任が政府にあるとする画期的なものです。環境問題は人権問題であるという認識が広がっていることをこの判決は示しています。

　日本では残念ながらこうした認識は広まっていません。前節で述べたような人権尊重の取り組みが日本では弱いとともに、気候変動への危機感が浸透していないという点が重なりあっているように思われます。日本では近年、台風や豪雨による大きな被害が毎年のように生まれ、その度合いが深刻になっています。明らかに気候変動がもたらした結果ですが、そうした災害は自然の猛威に

---

22 明日香壽川『グリーン・ニューディール―世界を動かすガバニング・アジェンダ』岩波新書、2021年、62ページ。

よるという意識が強く、温暖化による人為的な要素をもった災害であるという認識にまで達していません。

　ドイツのNGO「ジャーマン・ウォッチ」は、台風や洪水などの気象災害の影響をランクづけした報告書「世界気候リスク・インデックス」を公開していますが、その2020年版では、日本が18年7月の豪雨で甚大な被害を受けたことなどから世界183ヵ国の中のワースト1位としました。ジャーマン・ウォッチは気候変動への対応が急務であると報告書では警鐘を鳴らしています。日本政府やマスメディアは、ジャーマン・ウォッチのように危機を表明する明確な立場に立っていません。オランダの最高裁判決をふまえれば、日本において災害による被害とそれによる人権侵害を防ぐために、日本政府は気候変動防止の対策をとる責任と義務があることを明確にしなければなりません。

　日本では気候変動に対し、「個人のライフスタイルを変えよう」とか「地球にやさしい行動をしよう」とか、個人の行動変容を促す呼びかけがメディアで多く聞かれますが、明日香壽川は、「このようなフレーズは、個人の問題に転嫁することで社会システムのチェンジを阻止することを目的とした目眩まし戦術である」と批判しています[23]。個人の生活改革は必要ですが、政府が責任ある施策をとることが重要であって、そうした国全体の取り組みの中ではじめて個人の行動変容が意味をもつことになります。

　明日香は著書の『グリーン・ニューディール』の中で、欧米で使われるようになった「グリーン・ニューディール」という概念について明らかにし、それが社会におけるジャスティス（正義）にかなうものであり、社会システムの変革を求めるものであることを論じています。そして各国での様々なグリーン・ニューディールの検討を通じて、その共通する政策の考え方を次のように要約しています[24]。

　「最も効果的なグリーン・ニューディールおよびグリーン・リカバリーのための政策は何だろうか。…このための特別な気候変動対策というようなも

23 同上、12ページ。
24 同上、153ページ。

のは存在しない。結局、これまで多くの人が提言し、原発や化石燃料に利権を持つ人が長く反対してきた「再エネと省エネの導入拡大」でしかない。」

　そして著書では、日本版ニューディールのための政策を提言しています。この政策は明日香らの共同研究グループが2021年2月に発表したもので、「レポート2030 ― グリーン・リカバリーと2050年カーボンニュートラルを実現する2030年までのロードマップ」と題するものです。詳細は『グリーン・ニューディール』をお読みいただきたいのですが、その政策の概要は**図表11**の通りです。

　明日香らの研究は、グリーン・ニューディール（リカバリー）が再生エネルギー・省エネルギーによって推進され、既存の技術のみでも2050年にはエネルギーを起源とするCO_2の93％を削減できることを明らかにしています。またエネルギー政策と産業構造の転換によって新たに約2500万人の雇用が創出されることも提示しています。

　しかし、日本政府の政策は明日香らの研究で示されたような提起にはなって

図表11　グリーン・リカバリー戦略

	2030年	2050年
再生可能エネルギー発電比率	44％	100％
原子力発電比率	ゼロ	ゼロ
火力発電	LNG火力 （石炭火力ゼロ）	ゼロ
電力消費量（2013年比）	− 28％	− 32％
最終エネルギー消費量（2013年比）	− 38％	− 60％
化石燃料輸入費	約9兆円 （2019年17兆円）	0円
エネルギー支出	29兆円	16兆円
エネルギー起源CO_2（2013年比）	− 61％	− 93％ （既存技術のみ） − 100％ （新技術を想定）
雇用創出数（年）	2544万人	——

（出所）明日香壽川『グリーン・ニューディール―世界を動かすガバニング・アジェンダ』岩波新書、2021年、160−161ページの図表にもとづき作成。

いません。2020年12月に発表された「2050年カーボンニュートラルに伴うグリーン成長戦略」では、実用化の可能性も不明確な新技術の必要性を謳う一方、原子力発電に依存し火力発電も残したまま、再生可能エネルギー発電を主力電源にするかどうかもはっきりしません。その結果、電力消費量、最終エネルギー消費量、化石燃料輸入費、エネルギー支出、エネルギー起源CO_2は大きく減らない計画になっています。

　そうした政府の遅れた気候変動対策にはCOP26、COP27で化石賞が授けられるという有様です。このままではドイツのNGOが指摘したように、日本は気候変動への対応がワーストのままになりかねません。環境問題への責任ある対応を政府に迫ることが重要となっています。

（2）企業の再生エネルギーへの取り組み

　再生エネルギーや省エネルギーへの取り組みについては政府の政策が前提となりますが、企業も大きな役割と責任を果たさねばなりません。企業はどのように取り組んでいるのでしょうか。明日香は「多くの国や企業がエネルギー転換によって産業構造や社会システムを変えようとしている中、それに取り残された国や企業は生き残れなくなる」と指摘しています[25]。企業はエネルギー転換に取り組み産業構造や社会システムの変革に貢献することで、生き残っていくことができるのです。

　世界の著名な企業は「RE100」や「クライメート・プレッジ」などの取り組みによって、再生エネルギーへの転換や脱炭素の推進に加わってきています。

　再生可能エネルギーを目指す代表的な取り組みは「RE100」です。REはRenewable Energy（再生可能エネルギー）の略で「RE100」は再生可能エネルギー100％を意味しています。「RE100」は、企業の使用するエネルギーを遅くとも2050年までに100％再生可能エネルギーでまかなうことを目指す国際プロジェクトで、2014年にNGOクライメート・グループにより設立されました。「世界または国内で認知度や信頼度が高いなど影響力の大きい企業であること」「フォーチュン1000またはそれに相当する主要な多国籍企業であるこ

---

25 同上、87ページ。

と」「電力消費量が 100GWh（日本は 50GWh）以上あること」を要件に参加が求められており、22 年 9 月現在、世界では 378 社が加盟しており、アメリカの 98 社に続き日本は 72 社が参加しています。

　海外企業では各国の巨大企業が参加しており、時価総額ベスト 20 位中の 9 社が RE100 に参加しています。IT では GAFA やマイクロソフト、金融では JP モルガンやバンク・オブ・アメリカ、メーカーでは GM や BMW、ユニリーバ、流通ではウォルマートなど各国の著名な企業が名を連ねています。

　日本は参加者数では第 2 位ですが、問題はどのような企業が参加しているかです。「RE100」への日本企業の参加状況は図表 12 の通りです。

　日本ではソニー、パナソニック、花王、アサヒ HD、キリン HD、セブン＆アイ HD、三井不動産、三菱地所、楽天などの大企業の参加が見られますが、日本における中核的な企業の参加はなされていません。自動車、重電、機械、金融の大企業は 1 社も参加しておらず、日本経済の基盤をなす産業において再生可能エネルギーへの取り組みが進んでいないことを示しています。これは日本の産業界の中心部分が、原発や石炭火力を温存する姿勢を変えていないことの現れです。

　また参加企業であっても再生可能エネルギーへの転換のスピードは世界と比べて非常に遅い状態にあります。世界の企業の 100％達成目標の平均は 2028 年であるのに、日本の参加企業のほとんどは 2040 ～ 50 年です。2020 年代の達成を掲げているのは、楽天とセイコーエプソン、ヒューリックの 3 社のみです。

　「RE100」と並ぶ気候変動への国際的取り組みは「クライメート・プレッジ」（Climate Pledge）です。プレッジとは誓約のことで、「クライメート・プレッジ」は気候変動対策への誓約を意味しています。「クライメート・プレッジ」は 2019 年にアマゾンと NGO グローバル・オプティミズムによって設立されました。「温室効果ガスの排出量について、定期的な計測と報告を行うこと」「パリ協定に沿った脱炭素化を実行すること」「2040 年までに年間炭素排出量を実質的にゼロにすること」を参加の条件として、ゼロカーボンを目指す国際的なグループです。パリ協定より 10 年早い脱炭素目標を掲げ、取引先にもそれを求める高いハードルの取り組みです。「RE100」に加盟する企業の多

図表 12　RE100 に参加している日本企業 72 社 (2022 年 2 月現在)

業　種	企　業　名
食料品	アサヒグループ HD、味の素、キリン HD、日清食品 HD、明治 HD
化学	花王、資生堂、積水化学
医薬品	エーザイ、大塚 HD、小野薬品、第一三共
電気機械	アドバンテスト、カシオ計算機、コニカミノルタ、セイコーエプソン、ソニー、ダイヤモンドエレクトリック HD、ニコン、日本電気、パナソニック、富士通、富士フイルム HD、村田製作所、リコー、ローム
精密機械	島津製作所
非鉄金属	フジクラ
金属製品	ノーリツ
土石製品	TOTO
その他製品	アシックス、オカムラ
建設業	旭化成ホームズ、安藤・間、インフロニア HD、熊谷組、住友林業、積水ハウス、大東建託、大和ハウス、東急建設、戸田建設、西松建設、LIXIL
不動産業	いちご、ジャパンリアルエステイト、東急不動産、東京建物、野村不動産 HD、ヒューリック、三井不動産、三菱地所
小売業	アスクル、イオン、コープさっぽろ、J.フロントリテイリング、セブン＆アイ HD、高島屋、丸井グループ、ワタミ
陸運業	東急
情報・通信業	ZHD、BIPROGY、野村総合研究所
サービス業	エンビプロ HD、セコム、楽天
銀行業	城南信用金庫
金融・保険業	第一生命保険、T&D HD
その他金融業	アセットマネジメント One、芙蓉総合リース

(出所) 環境省の RE100 に関する資料にもとづき作成。業種ごとに五十音順で表示。

くも参加し、短期間に 300 社以上のグループとなりました。アマゾンを筆頭に P&G、マイクロソフト、メルセデス・ベンツや運輸関連の大手など、29 ヵ国 51 業界の先進企業が参加しています。日本では「RE100」よりも高い目標であることもあって、2022 年 4 月現在、産業廃棄物処理の石坂産業と素材開発

スタートアップの TBM のわずか 2 社しか参加していません。

　日本の著名な大企業が「RE100」や「クライメート・プレッジ」に参加することになれば、そのサプライチェーン上での多くの企業にもその取り組みが拡がり、日本における気候変動対策や再生エネルギーへの転換が進むと考えられます。そうした取り組みへの参加を企業内外から求めていくことが必要です。

　大企業での取り組みとは別に、日本では「RE100」の中小企業版である「RE Action」が 2019 年に発足しています。非営利の 5 団体が結成した「再エネ 100 宣言 RE Action 協議会」が主導する取り組みです。参加要件は「遅くとも 2050 年までに再エネへの転換を目指し、対外的に公表すること」「再エネ政策への提言に関わること」「消費電力、再エネ率を毎年公表すること」ですが、企業だけでなく自治体、教育機関、医療機関等も参加しており、2022 年 9 月現在、参加団体は 280 に達しています。主要な大企業が「RE100」に消極的な状況の中で、中小企業や自治体等の「RE Action」への参加が広がることは大きな意義があります。日本の政府や大企業の姿勢を下から変えていく運動となる可能性もあり、そうした取り組みが企業の変革を促すことにつながるのではないかと考えられます。

　明日香は、「政府や電力会社からトップダウン的に原発や石炭火力の電気を無理やり使わされるのではなく、個人、家庭、企業が自立して、ボトムアップでエネルギーの消費者と生産者を兼ねる」[26] ようなシステムへの転換を提起していますが、気候変動への下からの取り組みが私たちの重要な課題となっています。そうした運動を「気候民主主義」「エネルギー・デモクラシー」と呼ぶことも可能で、気候変動への取り組みを民主主義の新たな発展へとつなげていかなければなりません[27]。

（3）サーキュラー・エコノミー

　持続可能な開発を目指すには、上で見たようなエネルギー政策の転換が重要な課題ですが、もう 1 つの重要な課題は「循環型経済（サーキュラー・エコノ

---

26 同上、15 ページ。
27 三上直之『気候民主主義—次世代の政治の動かし方』岩波書店、2022 年。

ミー）」の実現です。この面でも世界をリードしているのは EU です。EU は 2015 年 12 月に「循環型経済」のための政策パッケージを提示しましたが、「欧州グリーンディール」の一環として 2020 年 3 月に「循環型経済行動計画」を新たに発表しました。

その計画骨子は、① 持続可能な製品を EU の基準とする、② 消費者の権利を強化する、③ 資源集約型産業について具体的施策を打ち出す、④ ごみ削減の共通モデルを策定する、という 4 点にまとめられます。

①では、持続可能な製品政策に関する法案を作成し、製品を長寿命化、より容易に再利用・修理・リサイクルできるようにし、可能な限りリサイクル材を使用するようにする、使い捨てを制限し、早期の陳腐化への対策を進め、売れ残った耐久消費財の廃棄を禁止する、などを提起しています。以前からのエコデザイン指令（エネルギー関連製品に環境に配慮した設計を義務づける指令）の改正も含まれています。

②では、消費者が製品の修理可能性や耐久性などに関する情報にアクセスできるようにし、環境の持続可能性に配慮した選択をできるようにする、真の「修理する権利」を享受できるようにする、としています。

③では、電子機器・ICT 機器、バッテリー・車両、包装、プラスチック、繊維、建設・ビル、食品・水・栄養が重点分野とされ、例えば、電子・情報通信機器やバッテリー・車両での循環型モデルの導入、繊維の再利用を促進するための新たな EU 繊維戦略の策定、食品サービス分野における使い捨て包装・食器の再利用可能な製品への置き換えに向けた法的措置が検討されています。

④では、ごみの発生抑制と、ごみ分別、ラベリングについて EU 共通モデルの策定が検討されています。

サーキュラー・エコノミー問題の権威であるエレン・マッカーサー財団によれば、サーキュラー・エコノミー（循環型経済）とは廃棄物を出さない経済のことであり、次の 3 つの原則にもとづくものとされています[28]。

---

28 安居昭博『サーキュラーエコノミー実践－オランダに探るビジネスモデル』学芸出版社、2021 年、47 ページ。

148

第1の原則：自然サイクルの再生

第2の原則：廃棄物と汚染を出さない設計・デザイン

第3の原則：製品と資源を使い続けること

　EU の「循環型経済行動計画」は基本的にこの3つの原則に沿うもので、特に第2と第3の原則について具体的な政策化が図られています。企業の側が廃棄物を生まないような持続可能な製品を最初から設計・デザインして、製品や資源を使い続けられるようにしたうえで、消費者の側が「修理する権利」を行使してそれを使い続けることができれば、廃棄物を生まない循環を作ることができます。それが汚染を生まず自然の力を蘇生することにつながることになり、地球環境の再生へと進んでいくことになります。

　こうしたサーキュラー・エコノミーの枠組みが作られ、政策のレールが敷かれた EU では多くの団体や企業が、そうした取り組みを始めています。そしてサーキュラー・エコノミーへ向けた企業活動はビジネスチャンスとしてもとらえられています。日本貿易振興機構（ジェトロ）は EU の政策に関する報告書の中で、「従来型のビジネス」はすでに選択枝ではないとして、「企業がサーキュラー・エコノミーの採用に後れを取れば、最大の循環型のビジネスチャンスは他社に奪われ、徐々に姿を消すか、規制に適合せざるを得なくなるだろう」と日本企業への警告を発しています[29]。

　環境問題で先進的なオランダ政府は、2050 年までに社会全体を完全にサーキュラー・エコノミー化することを宣言し、「2050 年までのサーキュラー・エコノミー計画」という長期のロードマップを公表しています。首都アムステルダムは 2015 年に世界で初めて都市としてサーキュラー・エコノミーへの移行の準備を開始し、2050 年までのサーキュラー・エコノミー・タウンになることを宣言しています。またオランダを代表するグローバル企業のフィリップスは、サーキュラー・エコノミーの事業だけですでに全体の収益の 15％をあげているといわれています[30]。2050 年に向けて再生可能エネルギーへの転換と並

---

29 同上、59 ページ。

30 同上、66 ページ。

んで、サーキュラー・エコノミーの構築が重要な課題となっているのです。

　日本では再生エネルギーの問題と同じく、政府の政策は不明確で規制が進んでおらず、企業の側の取り組みも個々にゆだねられている状況にあります。政府と企業が本気になって経済をサーキュラー・エコノミーへと変革する動きになっていません。2020 年 5 月には経済産業省から「循環経済ビジョン 2020」が公表されましたが、EU のような 2030 年や 2050 年に向けた目標は掲げられておらず、規制という手法でなく企業の自発的な協力を期待する内容となっています。このままでは EU の後れをとりビジネスチャンスを失うことになるのではないかと心配されます。

第7章　企業の変革とSDGs（2）
― 情報開示・会計・経営戦略 ―

1．情報開示の拡大

（1）情報開示の歴史と特徴

　企業と証券市場を規制・管理する機能をもつのが情報開示です。情報開示の
ルーツは19世紀のアメリカ鉄道業における情報公開制度にまで遡ることがで
きます[1]。

　アメリカの鉄道業は、その出発点から一般産業会社とは異なる規制問題を
伴っていました。初期の鉄道建設は、公共的事業として州からの土地供与や資
金援助を前提としたことから、州は鉄道会社に年次報告書の提出を求める年次
報告制度を義務づけました。

　しかし、実際には、鉄道会社経営の私的性格が強まるにしたがって年次報告
制度は形骸化していき、いくつかの鉄道では株主にすら年次報告書を公表しな
いという事態が生まれました。そのような中で、鉄道の経営は投機的・詐欺的
性格を強め、差別料金の設定、プールの形成等の独占的行為は農産物や畜牛の
輸送を鉄道にたよる農民の憤激を買い、一般住民をまきこんだ大規模な反独占
運動を生み出すに至りました。1860年代末から1880年前後にかけてのグレン
ジャー運動（農業団体グレンジが中心となった運動）がそれです。グレン
ジャー運動の影響によって、社会全体に独占的な巨大鉄道会社への反感が強ま
り、鉄道会社に対する規制は大きな社会問題に発展しました。グレンジャー運
動は、州政府・議会による強力かつ直接的な鉄道会社規制を要求しました
が、それを回避するために採用された間接的規制の策が情報公開制度でした[2]。

　鉄道会社規制の担い手となったのは鉄道委員会でした。鉄道委員会は、最初

---

1 西村明『財務公開制度の研究』同文館、1977年、山地秀俊『会計情報公開論』神戸大学
経済経営研究所、1983年。
2 小栗崇資『アメリカ連結会計生成史論』日本経済評論社、2002年。

は 1836 年にロード・アイランドにおいて設立され 1878 年までに 16 の東部諸州に広まったとされますが、モデルとなったのはマサチューセッツ州の鉄道委員会です。鉄道委員会は、直接的な規制を行う権限をもたずもっぱら鉄道会社に報告の提出を求める公的組織で、鉄道会社に情報公開を求めることによって間接的に社会との間の利害調整を図ろうとしました。鉄道会社を直接に規制するのではなく、経営についての報告を公開させることで、会社の自発的な規制を間接的に引き出そうというのが情報公開の意図でした。

鉄道委員会は、アメリカにおける独特な制度である行政委員会制度の前身をなすものとなりました。行政委員会は、政府と議会の意向に沿って法を管理する独立的機関で、準立法的・準司法的性格を併せもつ行政機関です。今日、有名なものには州際商業委員会（ICC）、証券取引委員会（SEC）、連邦通信委員会（FCC）等がありますが、これらの原型は鉄道業における独占規制問題から生まれた鉄道委員会にあります。

こうした前史をもつ情報公開が重要な国全体の制度となったのが、1933・34年の証券取引法の制定でした。1929 年の大恐慌後、ルーズベルト大統領によるケインズ主義的な国家介入的政策がニューディール政策として展開されましたが、その一環として重要な位置にあったのが企業と証券市場への規制策でした。証券取引法の制定にあたっては規制をどのように行うかが大きな争点となりました。鉄道会社の規制と同様に、直接規制をするか間接規制をするか、行政による規制か民間による規制かが問題となりました。結局、政府・行政の直接裁定による規制ではなく、企業による市場への情報公開を通じての間接規制方式が採用されました。またその情報公開の指針となる基準の設定を政府機関ではなく民間機関にゆだねる民間規制方式が採用されました。

（2）情報開示の二面性

その結果、1933・34 年証券取引法においては情報開示（ディスクロージャー、disclosure）が主要な規制ツールとなりました。1920 年代末までは情報公開（publicity）と呼ばれていましたが、1930 年代の証券取引法制定前後から情報開示（disclosure）と呼ばれるようになりました。情報開示は政府による直接規制を回避するための対応策で、企業からの反発に対する妥協策でも

ありました。政府が企業の証券市場への上場を許認可し、企業の経営を監督するのではなく、企業の開示する情報によって市場に評価をさせるという間接的な規制方式が情報開示です。この情報開示制度においては、報告内容について民間（会計士団体）が基準を設定し、公開された報告について会計士が監査を行い、違反があった場合には行政が権限を行使するという方式がとられました。民間と行政が分担する折衷的な規制方式といえます。この方式はそれまでの自由放任から脱却して、間接的とはいえ企業と証券市場に規制を加えるという点で一歩前進でした。

　しかしこうした情報開示は二面性をもっています[3]。その運用次第では強い規制となったり弱い規制となったりするからです。場合によっては、企業の宣伝広告となりかねないこともあり、当初は宣伝広告（publicity）の側面を強くもっていたとされます。とはいえ市場は単なる企業の宣伝広告の場ではなく、市場それ自体、自由な個人が商品交換を通じて相互承認しあう社会そのものでもあります。ディスクロージャー（disclosure）とは、閉じたもの（closure）を開けさせる（dis）という意味をもつ、情報の受け手の能動的な姿勢を示す言葉です。情報開示は社会における民主主義を求める要求の高まり次第で、企業や市場に規制を課し変革を促す可能性をもっています。1930年代のニューディール民主主義の高揚のなかで、企業と証券市場における情報開示は、市場原理を基礎とする一方、民主主義的な規制方式の側面をもつものとして展開していきました。

　このような歴史的経緯のなかで発展してきたのが情報開示（ディスクロージャー）ですが、今日では企業や証券・金融市場を改革するうえで重要なツールとなりつつあります。直接規制でなく市場原理に即した方法が情報開示ですが、社会の要求が強まれば、それは企業と証券市場に社会性・公共性の有無や度合いについて公開せざるをえなくさせる方法でもあります。近年の情報開示においては、企業の社会性・公共性を示す情報を開示することが求められ、証券・金融市場もそうした社会性・公共性を情報開示する企業への投資が求められるようになっています。情報開示は、これまで秘密として隠してきた問題を

---

3 津守常弘『会計基準形成の論理』森山書店、2002年。

明るみに出すことを企業に要請することで、企業自らが諸問題を是正する方向
へ誘導する機能を果たすと考えられます。社会の批判にさらされることになれ
ば企業の評価を落とし、経営そのものの障害となるからです。つまり情報開示
は企業と市場の社会性・公共性を高めるインセンティブ効果をもつといえます。

　とはいえ、企業自ら進んで情報開示を行い、様々な問題を積極的に解決する
というわけではありません。有効な規制や法律によってはじめて、企業に不都
合な問題も情報開示させ問題の是正へと向かわせることが可能となります。そ
のためには、情報開示の内容を明確にし、開示のための基準を統一するととも
に、情報開示を義務づけ、違反した場合の罰則も定めることが必要になりま
す。情報開示の歴史は、開示内容の拡大と基準の統一化、罰則強化をめぐる議
論の展開であったということができます。

2．ESG 情報の開示

（1）ESG 情報とは何か

　従来の情報開示は、主として株主や投資家向けのものとしてとらえられてき
ました。情報開示が証券市場の運営に関わる証券取引法上のツールとして形成
されてきたからです。そこでの情報は財務情報と非財務情報に区分されます
が、これまでの情報内容は、企業の利益や資産価値に関する財務情報（会計情
報）が中心でした。非財務情報は企業の業績についての理解を助けるものとし
て、事業や設備の状況、企業集団の概要などの情報が求められました。財務に
関する情報開示では、グローバル経済の広がりに対応して、グローバル・スタ
ンダードである国際会計基準を設定する動きが強まり、2001 年からは国際会
計基準審議会（IASB）が設立されました。現在まで多くの国の会計基準設定
機関が参加し、いくつもの国際財務報告基準（IFRS）が作られています[4]。

　他方、それとは別に地球環境の悪化への懸念から、企業への環境情報開示を
求める動きが1980 年代から 90 年代にかけて強まり、1997 年には国連環境計

---

4 小栗崇資「国際会計基準とグローバル会計規制」小栗崇資・熊谷重勝・陣内良昭・村井
秀樹編『国際会計基準を考える―変わる会計と経済』大月書店、2003 年、同「国際会計基
準とグローバル資本主義」『経済』2007 年 5 月号、を参照のこと。

画の協力のもとにアメリカの 2 つの NPO によってグローバル・レポーティング・イニシアチブ（GRI：Global Reporting Initiative）が設立されました。GRI は、企業の社会的責任にもとづく環境や社会に関する情報開示を求める国際団体です。2000 年に環境・社会・経済情報を網羅する情報開示の基準として「持続可能性報告書ガイドライン」を公表し、現在まで基準のバージョンアップをしながら世界の大企業へ非財務情報の開示を求めています（2016 年にガイドラインからスタンダードに名称変更）。

　そうした動きを受けて、すでに述べた 2006 年の国連責任投資原則（PRI）が ESG という概念を確立し、ESG についての情報開示を提起しました。ESG 情報は環境（E）、社会（S）、企業ガバナンス（G）に関する情報ですが、国連は企業に ESG 情報の開示を促すとともに、証券・金融市場の投資家（主として機関投資家）に ESG 情報にもとづいて投資を行うよう求めるようになりました。ESG 情報は区分では財務情報ではなく非財務情報となります。PRI の提起が大きな転換点となって、次第に ESG 情報の開示が普及し、非財務情報、ESG 情報の開示が大きな流れになり今日に至っています。

　それを決定づけたのは、先述した EU における 2014 年の「非財務報告指令」（Non-Financial Reporting Directive）であり、それをさらに強化・拡大した 2022 年の「サステナビリティ企業報告指令」（Corporate Sustainability Reporting Directive）です。この EU 指令は、環境、社会、雇用、人権の尊重、汚職・贈収賄の防止等について情報開示を強化するもので、従業員数 250 名以上、売上高 48 億円以上、資産 24 億円以上の 4 万 9 千社の大企業・中堅企業が対象となっています。

（2）ESG と SDGs

　こうした ESG 情報は SDGs が求める環境・社会・経済への取り組みと重なるものです。ESG 情報は企業や証券・金融市場を対象に求める情報ですが、SDGs ではさらに広く政府・自治体や企業以外の団体も対象に SDGs への取り組みについての情報を求める点に違いがあります。情報提供を求める対象の範囲に相違はありますが、求められる情報内容は同じであるということができます。

国連の UNCTAD（国連貿易開発会議）が SDGs の視点からの情報開示についての指針を提示しているので、それを見てみましょう。それは UNCTAD が2019 年 6 月に発表した「コアとなる指標に関するガイダンス」（GCI）で、SDG s の達成に貢献するための企業報告に関するガイダンスとされています[5]。**図表 13** は GCI が求める SDG s 達成のための ESG 情報で、多くのステークホルダーへの ESG 情報の開示を求めるものです。

　ESG 情報は 4 つの領域からなります。経済領域、社会領域、環境領域、制

図表 13　SDG s 達成のための 4 つの領域の ESG 指標（国連 GCI）

＜経済（Economic）領域＞	＜社会（Social）領域＞
収益 付加価値（租付加価値） 純付加価値 税額・その他の政府への支払 環境への投資額 地域への投資額 研究開発費 地域での調達割合	管理職の女性の割合 従業員（1 人当り）の平均訓練時間 従業員（1 人当り）の訓練のための支出 従業員の賃金・給付の収益中の割合 　（雇用形態と性別ごとの割合） 従業員の健康と安全のための支出割合 労働災害の頻度 労働協約によって保護される 　　従業員の割合
＜環境（Environmental）領域＞	＜制度（Institutional）領域＞
水のリサイクルと再利用 水の有効利用 水の汚染 廃棄物の削減 廃棄物の再利用・再生・リサイクル 有害廃棄物 温室効果ガスの 1 次（直接的）排出 温室効果ガスの 2 次（間接的）排出 再生利用可能エネルギー	取締役会の開催数と出席率 取締役会における女性の人数と割合 取締役の年齢幅 監査役会の開催数と出席率 取締役の報酬総額 訴訟の和解に支払われる負担金額 腐敗防止のための教育の回数と 　平均時間（1 人当たり従業員）

(出所) UNCTAD, Guidance on core indicators for entity reporting on contribution towards implementation of the Sustainable Development Goals, United Nations, 2019. 204 ページの図にもとづき筆者作成

---

5 UNCTAD, Guidance on core indicators for entity reporting on contribution towards implementation of the Sustainable Development Goals, United Nations, 2019.

度領域の4つです。

　経済領域では、付加価値と環境や地域（コミュニティ）、研究開発への投資の開示が求められています。収益だけでなく付加価値に関する情報が重視されている点が特徴です。収益は株主・投資家向けのものですが、付加価値はすべてのステークホルダーに向けたものです。環境と地域はそのステークホルダーの重要な構成者であり、それぞれへの投資は付加価値の分配を意味します。研究開発費はこれからの企業の最重要な経営資源となる無形資産への投資を表します。

　社会領域では、従業員に関する情報が中心となりますが、そうした労働に関する問題を社会領域と見る視点は重要です。企業や団体の内部が社会的で公正な環境になっているか否かを明らかにしようとしているのです。特に従業員の教育・訓練に関する情報を重視している点も指摘しなければなりません。特にIT化が企業経営の盛衰を左右する中で、従業員の知的能力を高めることは重要なカギとなっています。

　環境領域では、水、廃棄物の有効利用や再利用、温室効果ガスの排出、再生可能エネルギーなどに関する情報開示が求められています。それらの情報はパリ協定やGRI、TCFDの提起した基準にもとづくものとなっています。

　制度領域では、ガバナンスに関する情報が中心となります。取締役会や監査役会の開催度合、メンバーにおける女性の割合、年齢分布、報酬などの情報が求められます。また腐敗防止のための教育にどう取り組んだかについての情報が要請されます。

　こうしたESGに関する情報は、企業がすべてのステークホルダーの利害を守り、社会的責任をどう果たしているかを示す重要な指標になると考えられます。

　このUNCTADのESG情報は、数値化・指標化が可能な数量情報に限定されていることに注意しなければなりません。非財務情報は数量情報と記述情報に区分されますが、この図表は数量情報について参考となるモデルを示すことが目的であると考えられます。数量情報は企業や団体間のESGへの取り組みの度合いを比較するのに重要な情報です。この他に、数量では表せない記述情報がESG情報では求められます。人権尊重にどのような施策と体制で取り組んでいるか、労働者の権利をどのように尊重し労働組合や労働者とどのように

対話しているか、地域・コミュニティとどのように関係を作っているか、企業のガバナンスをどう適正に行っているかなど、については記述による具体的な説明が必要となります。

（3）ESG 情報開示基準の統一

　現在、EU レベルでは ESG 情報開示の基準が作られていますが、世界全体では基準の統一化がなされていません。問題となるのは ESG 情報開示の基準が質的に強化されたうえで統一化されるかどうかという点です。ESG 情報開示については様々な国際組織が提言を出していますが、EU を除いた主要なものを列挙しておきます。

国際統合報告評議会（IIRC）
　2013 年「統合報告フレームワーク」（2021 年に改定）
　＊2021 年に IIRC は、米の SASB（サステナビリティ会計基準審議会）と
　　合併し、新たな組織として価値報告財団（VRF：Value Reporting
　　Foundation）を設立。
グローバル・レポーティング・イニシアチブ（GRI）
　2016 年「GRI スタンダード」（GRI ガイドラインから名称を変更）
金融安定理事会・気候関連財務情報開示タスクフォース（TCFD）
　2017 年「気候関連財務情報開示タスクフォースによる提言」
世界経済フォーラム
　2020 年「ステークホルダー資本主義を測定する―持続可能な価値創造についての共通指標と一貫した報告を目指して」(Measuring Stakeholder Capitalism: Toward Common Metrics and Consistent Reporting of Sustainable Value Creation)

　こうした様々な組織による ESG 情報の基準が乱立する中で、基準の統一が必要であるとの認識が拡がり、基準統一を図るために組織の統合が求められるようになりました。その結果、2021 年 11 月に IFRS 財団のもとに国際会計基準審議会（IASB）と並ぶ形で国際サステナビリティ基準審議会（ISSB）が設

立されました。ISSB には価値報告財団（VRF）と気候変動開示基準委員会
（CDSB）が組織統合されています。

　今後、ISSB がどのような ESG 情報開示の基準を作成するかに注目していか
なければなりません。ESG 情報をめぐっては、株主・投資家向けのものに限
定すべきという意見と広くステークホルダーや社会に向けたものにすべきとの
意見があります。ESG 情報の開示は、企業の環境や社会への姿勢を問うもの
であるはずですが、情報開示に消極的であいまいな態度をとる傾向も根強く存
在しています。ESG 情報開示を社会性・公共性あるものにしていくよう声を
高めていくことが重要となっています。ESG 情報開示のレベルを上げること
が企業の変革を促すことにつながるといわねばなりません。

（4）ESG 投資の拡大

　ESG 情報開示が普及するにつれ ESG 投資も拡大しています。サステナブル
投資について調査をする GSIA（Global Sustainable Investment Alliance）に
よれば、ESG 投資残高で見ると、2016 年の 22.9 兆ドル、2018 年の 30.6 兆ドル
から 2020 年には 35.3 兆ドルと急激に増大しています。ESG 投資の割合で見る
と、2020 年には世界の運用資産に占める割合は 35.9％にまで高まっています。
今や世界の投資において
ESG 投資は 4 割近くにま
で拡大しているのです。

　図表 14 は運用資産にお
ける主要各国の比率を比較
したものです。カナダ、ア
メリカが急増しており、日
本も割合はまだ少ないもの
の高い伸び率になっていま
す。ヨーロッパやオースト
ラリアが減少しています
が、これは ESG 投資かど
うか判断する基準を厳しく

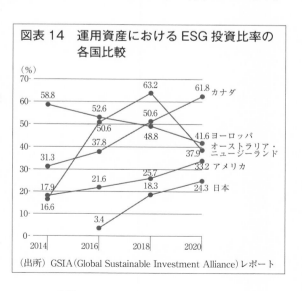

図表 14　運用資産における ESG 投資比率の
各国比較

（出所）GSIA（Global Sustainable Investment Alliance）レポート

したことで、ESG 投資とはみなすことのできない ESG ウォッシュ（もどき）が外されたことによるものです。カナダ、アメリカ、日本の ESG 投資にも ESG ウォッシュが含まれている可能性があり、今後、世界全体で ESG 投資の基準が質的に強化され統一されていくことが求められます。

　そうした ESG 投資の取り組みについての改善が図られていけば、証券・金融市場はなりふり構わず利益を追い求めるようなカジノ資本主義的な状態から社会全体の利益を満たすような局面へと変わっていくことが期待されます。そうした ESG 投資を担うのは機関投資家です。ESG 投資の 75％が機関投資家によって支えられています。機関投資家は、年金基金、保険会社、運用会社の総称ですが、ヘッジファンドのような投機的で私的な利殖目当ての投資とは異なり、年金や保険の掛け金を預けている一般市民の意識を背景にした社会的な投資となる傾向をもっています。もちろん年金や保険の原資を増殖するのが目的ですが、それが近年ではESGに資するような投資へとシフトしてきています。

　アメリカのエリサ法は企業年金の積立金の運用について定めた法律ですが、21 年に改正案が提起され近々制定されることになりました。これまで利益優先であった資金運用について、今後は ESG 投資のような非金銭的利益をめざす資金運用を促進することが可能になるという画期的な改正です。

　機関投資家の投資判断においては、金銭的な投資利益をとるか、非金銭的な ESG への貢献をとるかの選択が常につきまといますが、ESG への投資の方が長期的に見れば利益を得ることができるという見方も多くなっており、利益か ESG かという対立・矛盾を抱えながら変化していくと考えられます。このように機関投資家の資金運用において、社会的・公共的な評価を組み入れるような変化が起きています。変革を是とする機関投資家も出てきており、ESG 情報開示とともに ESG 投資という形で証券・金融市場における変革が進み始めているということができます。

　証券・金融市場において、社会性・公共性の評価が比重を高めるようになれば、第 5 章で見たように、株式制度が転換していくというマルクスの予見が現実化することになります。マルクスは「信用制度に内在する二面的な性格」である「社会的な富と私的な富との性格」の間の対立の中で、次第に信用（投資）が「社会的な富」へと転換していくことを示唆しました。「信用の主要な

代表者」が「詐欺師」ではなく「未来告知者」に変わっていく可能性を論
じ、それが「新たな生産様式への過渡形態をなす」と述べています。マルクス
の見解は理論的な予見でしかありませんが、資本主義における ESG 投資の拡
大、機関投資家の投資姿勢の変化を見るとマルクスの予見が現実味を帯びてき
ているといわねばなりません。

3. 会計の改革

（1）資本主義における会計の役割

　企業の変革が進むには、会計の改革も必要となります。そもそも企業は会計
なしには企業運営を進めることができません。会計によって、企業にどのくら
いの資源（利益や資金）が入ってきたか、その獲得した資源をどのように使っ
たり分配したかを記録し計算しなければなりません。そうした収入・支出や収
益・費用を計算できなければ企業の管理ができないからです。
　マルクスは『資本論』第 2 部の中で「簿記」という節を設け、会計（簿
記）によって資本運動が管理されることを明らかにしています。

　　「運動する価値としての資本は、生産部面の中であっても、流通部面の 2
　つの段階（購入と販売—引用者）の中であっても、ただ観念として計算貨幣
　の姿で、最初は、商品生産者すなわち資本家的商品生産者の頭（認識）の中
　に存在するだけである。この運動は、価格決定や商品価格の計算をも含む簿
　記によって、把握され管理されるようになる。こうして生産の運動、特に剰
　余価値の生産の運動は、観念の中で表象的（記号的）に映し出されるように
　なる。」（『資本論』第 2 部、大月書店版、163 - 164 ページ）

　マルクスは、最初は小規模事業者の頭の中で計算されていた資本の運動
が、やがて会計（簿記）によって記録・計算されるようになり、運動（経
営）の状態が把握されることで管理が行われるとして、これは資本を運動（流
通）させるための必要な操作であり「商品資本の機能を媒介する操作」でもあ
るといっています。

「産業資本の流通のために絶えず行われなければならない商業的操作もふえてくるということは明らかであって、それは、商品資本の姿でそこにある生産物を売るためにも、その代金を再び生産手段に転化させるためにも、またこれら全体について計算するためにも、必要な操作である。価格計算も簿記も出納も通信もすべてこれに属する。」（同上、373-374ページ）

　つまり、会計による計算がなければ資本運動（企業経営）は進まないことをマルクスは述べているのです。会計は資本の身体を動かす神経系統のような欠くことのできない役割を果たしています。「通信」もこの操作の1つに入れていることにも注目しておきたいと思います。現在のインターネットが通信の発展形であると考えれば、マルクスの資本を媒介する操作という規定は重要な意味をもっています[6]。

　資本主義企業において会計（簿記）は、投下された資本からどう利益が生み出されるかという計算の仕組みとして形成され発展してきました。それは「資本利益計算」という計算の仕組みです。資本利益計算は資本出資者のための計算が中心となります。それは資本家的な認識の計算でもあります。資本主義における企業が変わっていくためには、資本利益計算を変えていかねばなりません。そのためには、資本利益計算とは何かについての解明とその根底にある利潤と費用価格についての検討が必要となります。

（2）資本利益計算から付加価値計算への転換

　費用価格とは「商品の生産に支出された資本価値」であり、資本家が費やした「資本家的費用価格」です（『資本論』第3部、大月書店版、35ページ）。費用価格を会計では費用といいます。資本家は自分が投じた「費用価格」によって「利潤」（会計では利益）が生じると認識するのですが、それは「価値増殖過程の神秘化」（同上、41ページ）であり「転倒されて現れる」（同上、38ページ）

---

6 会計や通信を経済学的にどう位置づけるかについては、小栗崇資『株式会社会計の基本構造』中央経済社、2014年を参照のこと。

観念です。なぜかといえば、価値は資本家が費用を負担して生まれるのではなく、労働によって創造されるからです。

　価値増殖過程は、旧価値（原材料や生産設備の中に既にある価値）の移転と新価値（労働が生み出す新たな価値）の生産からなっています。しかし、**図表15**のように、新価値は費用価格と利潤の間で2つに分割されます。

図表 15　資本家的な価値計算（費用価格と利潤）

費用（会計）　　　　　　　　　　　　　　利益（会計）

費用価格	利　潤
旧価値＋新価値（必要労働価値）	新価値（剰余労働価値）

（出所）筆者作成。

　費用価格には新価値の一部（労働者への給与に相当する必要労働の価値）が入り、利潤は新価値の他の部分である剰余価値（剰余労働の価値）そのものとなります。新価値の分割は、資本家が支出した部分（資本家の負担分）とそれから得られる剰余部分（資本家の獲得分）を認識したいがためのものであり、資本所有の観念から生まれる認識です。その意味で新価値（労働が生む全体の価値）の生産過程は表されません。その結果、「費用価格は資本経済では価値生産そのものの一範疇というまちがった概観を受け取る」（同上、35ページ）ことになります。この転倒した資本家的な観念を、会計は費用・収益および利益として表現しています。それが資本利益計算です。

　そうした資本利益計算を転換することによって改革が可能となります。株式会社においては、資本所有とそのもとにある機能資本から機能が分離していきますが、機能は労働者が担うようになります。したがって機能の成果は労働の成果として現れます。マルクスは、「資本家的費用は資本の支出によって計られ、商品の現実の費用は労働の支出によって計られる」（同上、35ページ）と述べています。「労働の支出」とは生産に費やされた労働全体を指します。すなわち必要労働と剰余労働の合計です。労働の支出によって、外部から購入された原材料等の旧価値の製品への移転を伴いつつ、新たな価値（新価値）が生まれることになります。その意味で商品の現実の費用は「労働の支出」であ

り、労働の支出は労働の成果（新価値）を生むものとなります。つまり、労働の支出は労働の成果となって現れます。

労働の支出によって労働の成果を計るとすれば、次のような改革案（オルタナティブ）が考えられます。これを会計として近似値的に示すとすれば、前給付と付加価値となります（**図表 16** 参照）。

図表 16　労働の成果を示す価値計算（付加価値計算）

前給付（会計）　　　　　　　　　　　　　付加価値（会計）

不変資本	価値生産物
旧価値（価値移転）	新価値（必要労働価値＋剰余労働価値）

（出所）筆者作成。

前給付は原材料等の外部から購入した旧価値の部分であり、労働によって価値は製品に移転されていきます。付加価値は原材料等を製品に変えることで新たな価値としてもたらされる部分です。それは労働（労働の支出）によって創出される価値です。資本所有の観念から脱して機能（労働）の観点から見れば、価値創出過程は付加価値計算によって表されます[7]。このように資本利益計算のオルタナティブとして付加価値計算を、マルクスの理論から得ることができるのです。

資本利益計算の場合は、資本所有にもとづく資本家の利益を計算すること自体が利益の分配（資本家への分配）となりますが、付加価値計算の場合、付加価値の分配はどう行われるのでしょうか。付加価値は労働の成果ではありますが、だからといってすべて労働者のものとして労働者に専有されるというわけではありません。労働が創出した剰余は社会の生産力（科学技術やシステムの発展）や自然環境から生み出されたものでもあり、その意味で、付加価値は労働者のものですが、社会のものでもあります。労働者に必要な分以外は、会社

---

7 マルクスは剰余価値が生産から生まれることを基礎に価値増殖過程を論じているが、流通やサービス、金融、情報が価値を生むか否か、どのような価値を創出するか、などについては明らかにしていない。ここではそうした議論に立ち入ることをせず、労働が多義的な価値を生むという点を基本にしている。

の利害関係者を通じて社会に分配されていくことが求められます。この場合、資本主義である限り、分配をめぐって資本と労働の対立、会社と社会の駆け引きが存在することはいうまでもありません[8]。

　付加価値計算への転換は、資本所有にもとづく存在から社会的に機能する存在への会社の転換とともに行われると考えられます。会社経営が資本所有（株主）中心から社会的機能中心に変化していくにつれ、付加価値の分配は会社にかかわるすべてのステークホルダーに対して行われることになります。ステークホルダーへの分配先は、労働者や資本、政府にとどまらず、地域社会や自然環境にも広がっていく可能性を含んでいます。

（3）新たな付加価値計算書

　付加価値は近代経済学によれば、国民所得において様々な生産要素（資本、借入資本、労働、土地、機械等）によって生産される価値をいいます。上で述べたように、付加価値は、労働が新たに生み出した価値（労賃プラス剰余価値）に近い概念です。そうした点を背景に、第 2 次世界大戦後、付加価値計算は、資本の側からの生産性向上要請や労働の側からの分配要求に応え、政府統計にも照応しうるものとして形成されました[9]。

　従来、論じられてきた付加価値計算書は労働者等への分配に焦点を当てたものでした。労働運動が活発であった 1960・70 年代には欧米で盛んに論じられましたが、その後の新自由主義的な政策への転換やアメリカ主導の会計基準の展開の中で制度化されることなく、論議の対象から消えていきました[10]。その過程は、企業のガバナンスが株主主権を中心に論じられ、株主資本主義が大きな潮流となっていったことと軌を一にしています。

　今日、新自由主義路線の見直しのもとに、企業のガバナンスが株主第一主義

8「分配」という用語を使っているが、その他の利害関係者にとっては分配ないしは補填であるとしても、労働者にとっては分配ではなく還元である。
9 山上達人『付加価値会計の研究』有斐閣、1984 年参照。
10 イギリスの企業会計基準委員会は 1975 年に「コーポレート・レポート」を公表した中で、付加価値計算書を会社法の中で制度化すべきであることを提起したが、その後、登場したサッチャー政権の新自由主義政策によって否定され、付加価値計算書制度化の機運はそがれることとなった（山上、前掲書）。

ではなく、すべてのステークホルダーに対応すべきとする新たな動向が生じてきたことによって、株主中心の資本利益計算ではなくてステークホルダーのための付加価値計算を再構築すべき段階に入ったと考えられます[11]。

新たな付加価値計算書について検討してみましょう[12]。それらを計算モデルにまとめれば図表17のような形となります。

この計算モデルは、従来の付加価値計算書と同様に、まず生成した付加価値を示すことから出発します。「労働が生み出す価値」を示すためには付加価値の計算は必須です。売上高から購入原材料・サービス等の外部購入費用を控除し、減価償却費を差し引くことで純付加価値の計算をする形となります。さらに、このモデルでは金融収益等のその他の収益を付加価値に加えています。経済学的には金融収益やサービス収益を付加価値とするかどうかが問題となりますが、生産において生み出された剰余価値が様々な産業に分配され金融やサービスなどの収益となって現れると考えれば、業種を問わず企業収益全体を付加価値ととらえるのは現実的な処理と考えられます。そうした幅広い企業収益を、企業が生み出す付加価値としてこの計算モデルでは位置づけています。

次に付加価値とその他の収益

図表17　新たな付加価値計算書	
売上高	×××
購入原材料・サービス等	×××
減価償却費	×××
付加価値	×××
＋その他の収益（金融収益等）	×××
従業員への分配（給与・年金）	×××
株主への分配（配当）	×××
借入資本への分配（利息）	×××
地域社会への分配（寄付・投資）	×××
自然環境への分配	×××
（環境保全費用・投資）	
知的・人的資源への分配	×××
（研究開発費等）	
政府・自治体への分配（税金）	×××
その他の費用・損失	×××
留保利益（企業への分配）	×××

（出所）筆者作成。

---

11 近年、再び付加価値会計に関する関心が高まり、CSR報告や統合報告の中で付加価値が示される事例が多くなっている。過去の付加価値会計の論議との関連や相違についての検討が必要であろう。
12 小栗崇資・陣内良昭編著『会計のオルタナティブ—資本主義の転換に向けて』中央経済社、2022年を参照のこと。

に関して、分配先を拡張して新たに加えています。この新たな付加価値計算書
は、自然環境も含めたすべてのステークホルダーに対する価値の分配のための
計算書となっています。新たに加えたのは、「地域社会への分配」「自然環境へ
の分配」「知的・人的資源への分配」です。

　「地域社会への分配」は、地域社会や NPO・NGO への寄附や資金援助、地
域社会（コミュニティ・インフラ）への投資などを計上する項目です。従業員
によるボランティアや地域支援などの費用を可視化することも可能です。ま
た、地域社会のための施設や設備に投資がなされた場合、投資額をいったん貸
借対照表に計上したうえで償却していく方法が考えられます。その場合は減価
償却費を「地域社会への分配」の中で表示することが必要となります。

　「自然環境への分配」は、企業活動がもたらす環境負荷や気候変動に対する
対策費用や投資費用を可視化し計上する項目です。環境保護のための様々な費
用ととともに、環境保全や気候変動対策のための設備投資が行われた場合、そ
うした投資額を貸借対照表に計上したうえで、減価償却費を「自然環境への分
配」として位置づけて表示することが求められます。再生可能エネルギーへの
転換にかかわる費用や投資なども、そうした中で開示することになれば、気候
変動対策への企業の貢献を社会に示すものとなるでしょう。

　「知的・人的資源への分配」は、今後ますます重要となる無形資産形成に関
連する項目です。企業が価値を生む源泉は労働ですが、その質が高ければ超過
収益力（特別剰余価値）をもたらすものとなります。その質を高めるものが
様々なノウハウやソフトであり、それは研究開発投資によってもたらされま
す。またそれを使いこなす高い質の労働を形成するには、労働者に対する教育
や知的・文化的涵養が不可欠となります。こうした投資も付加価値形成を支え
るものとして価値分配の対象とすべきであると考えられます。研究開発費や教
育訓練費、それに関連する施設や設備などの減価償却費などが「知的・人的資
源への分配」の項目として計上される必要があります。

　こうした付加価値の新たな分配先を加えることは、ステークホルダーのため
の会計を構築するうえで不可欠であると考えられます。それらへの分配が表示
されれば、企業がどのように社会や自然環境の問題に向き合っているかを明ら
かにすることができます。

（4）内部留保の位置づけ

　問題となるのは、最後の留保利益の位置づけです。留保利益は法形式上では残余請求権をもつ株主のものとされており、留保利益が利益剰余金という形で貸借対照表に累積されたものが内部留保です[13]。内部留保は株主のものということですが、現在では蓄積された膨大な内部留保の社会的活用が問題となっています[14]。また過剰な内部留保を社会に還元するための内部留保課税も論議されています[15]。

　しかし、付加価値の分配から見れば、留保利益は株主のものとはいえません。付加価値は労働者が社会の力を借りて生み出すものなので、その中の企業の内部に残った価値は株主のものではなく企業への分配となります。企業への分配とはいっても企業の領有物ではありません。企業がステークホルダーのための企業に変っていくとすれば、留保利益は株主や企業のものではなく、すべてのステークホルダーのものと解釈されます。留保利益が累積したストックとしての内部留保の活用は、設備投資等の企業の発展のために活用することも含めて、ステークホルダーの合意によって進められるべきです。そのようになれば、内部留保を社会のために活用することも可能となります。

　新たな付加価値計算書は、基本的に現在の損益計算書を組み換えることで作成可能です。従来の費用の内容を様々なステークホルダーに関係するものに区分し直すことで作成されます。このような組み替えは、読み手となるステークホルダーに重要な情報を与え、企業が社会的役割をどのように果たしているかについての認識を可能にするものとなります。

　この新たな付加価値計算書は、資本のための価値（利益）の分配から社会と自然環境への価値（付加価値）の分配へと転換を進めるものとなります。その意味で、この計算書を社会的・自然的価値計算書と呼ぶことができます。

　こうした付加価値計算書を導入するには、会計制度を変えなければなりません。そのためには会社法における会計計算の仕組みを転換する必要がありま

---

13 小栗崇資・谷江武士『内部留保の経営分析―過剰蓄積の実態と活用』学習の友社、2010年。
14 小栗崇資・谷江武士・山口不二夫編著『内部留保の研究』唯学書房、2015年。
15 小栗崇資「内部留保の社会的活用」『労働総研クォータリー』2018年秋季号。

す。前章で見たようにその前提となる会社法の改革も進めなければなりません。一朝一夕に進むような簡単なことではありませんが、付加価値計算の重要性については SDGs や ESG の取り組みの中で認識が広まっています。前節で見たグローバル・レポーティング・イニシアチブ（GRI）や国際統合報告評議会（IIRC）の ESG 情報開示の案では、企業の生み出す価値の適正な分配が提起されており、そのベースとなっているのが付加価値計算です。また UNCTAD が公表した ESG 指標では経済領域において付加価値計算が表示されており、その解説部分では付加価値計算書を作成することが推奨されています。つまり SDGs、ESG の情報において付加価値計算が重要視されているのです。その結果、企業が公表する「統合報告書」や「サステナビリティ報告書」などでは付加価値を示す事例が多くなっています。SDGs、ESG を進めていくためにも会計の改革として「付加価値計算書」の導入が必要となっているといわねばなりません。

4．SDGs を目指す経営戦略

　以上、会社制度、人権、環境、情報開示、ESG 投資、会計という側面から企業や証券・金融市場の変革の具体的な動向を見てきましたが、肝心の企業自体が自ら変革を志向するようになることが、何よりも企業変革を大きく推し進める動因になります。「世界の変革」をめざす SDGs は、企業の協力とともに「企業の変革」を必要としており、SDGs の実現のためには企業による先進的な取り組みが求められています。

　企業が自ら取り組むようになるためには、企業の経営戦略や経営方針の中に SDGs の取り組みを組み込むことが必要となります。企業の戦略全体の中に SDGs が位置づけられるようになることは、企業が変革へと進む第一歩となります。SDGs の取り組みが社会全体で進むようになれば、企業の取り組みは社会変革の影響の中で変革的なものになっていくと考えられます。

（1）SDG コンパスが示す企業の行動指針
　そのような方向を示唆しているのが国連の「SDG コンパス」（SDG

Compass）です。個別企業レベルでの変革を考えるうえで重要な提案と考えられるので、以下で検討してみましょう。

　「SDG コンパス」（以下、コンパス）は、2016 年に国連グローバル・コンパクト、グローバル・レポーティング・イニシアチブ（GRI）、WBCSD（持続可能な発展のための世界経済人会議）が共同で公表した企業の行動指針です[16]。コンパスはまず冒頭で「企業は SDGs を達成するうえで重要なパートナーである」とし、コンパスの目的は、「企業が、いかにして SDGs を経営戦略と整合させ、SDGs への貢献を測定し管理していくかに関し指針を提供することにある」としています。そしてコンパスは「企業が SDGs に最大限貢献できるよう 5 つのステップ」を提示しています。

　コンパスは、SDGs への取り組みはビジネスチャンスや企業価値の向上をもたらすメリットがあると述べていますが、それと同時に「5 つのステップは、すべての企業が、関連する法令を遵守し、最小限の国際標準を尊重し、優先課題として、基本的人権の侵害に対処する責任を認識していることを前提としている」と述べている点が重要です。5 つのステップは、次のような構成となっています。

　　ステップ 1　　SDGs を理解する
　　ステップ 2　　優先課題を決定する
　　ステップ 3　　目標を設定する
　　ステップ 4　　経営へ統合する
　　ステップ 5　　報告とコミュニケーションを行う

　ステップ 1 では、「はじめに、SDGs について知り、企業活動にとって SDGs がもたらす機会と責任を理解することが大切である」としています。ここでは SDGs とは何かを述べ、SDGs に取り組む効果（メリット）を説明しています。効果として、ビジネスチャンス（市場開拓など）の拡大、企業価値（ブランド

---

16 United Nations Global Compact, GRI and WBCSD, SDG Compass : The guide for business action on the SDGs, 2016. 日本語訳「SDG Compass : SDGs の企業行動指針—SDGs を企業はどう活用するか」。

力など）の向上、ステークホルダーとの信頼関係強化、社会・市場の安定化への寄与、共通の認識と目的の共有化、をあげ、今後、企業が社会の中で維持・成長する機会を高めるにはSDGsへの取り組みが重要であることを述べています。

　そのうえで、企業は基本的責任を前提とすべきことを強調しています。企業行動の共通の原則として、「ILO多国籍企業および社会政策に関する原則の3者宣言」「グローバル・コンパクト10原則」「ビジネスと人権に関する指導原則」をあげ、企業が人権尊重の責任を認識すべきことを述べています。コンパスはこの点について「企業にとって得になろうとコスト増になろうと、人権を侵害するような影響やリスクは、何をおいても対処されるべきである」として、企業のSDGsへの取り組みには人権尊重が不可欠であると力説しています。

　ステップ2では、「SDGsがもたらす機会や課題を活かすため、各企業の優先課題の所在を明らかにすることにより、取組みの重点化を図ることができる」としています。企業はまず、SDGsが提起する諸問題にどのように負の影響（または正の影響）を与えているかを評価しなければなりません。それは企業の単体だけでなくバリューチェーン（サプライチェーンと同じ企業間連携の意味）においての影響評価も求められます。そしてそれらに対処するための指標化を行ったうえで、SDGsに取り組むための優先課題を決定します。この優先課題についてはステップ1で強調されたように、基本的責任が「優先課題の上位に位置づけられる」ようにしなければならないとしています。

　ステップ3では、「目標の設定は、まさにステップ2で説明した影響評価および優先化の結果を土台にしたものであり、達成度を高める上で不可欠である」としています。企業はステップ2の優先課題にもとづき具体的な目標の設定を行わなければなりません。負の影響をなくし正の貢献をするための目標で、KPI（主要業績評価指標）の設定や意欲的な目標の設定が推奨されます。その上で、企業はSDGへのコミットメント（公約・方針）を公表しなければならないとしています。従業員の意欲を引き出すだけでなく、社外のステークホルダーとの対話の基盤としての役割を果たします。

　ステップ4では、「こうした目標への取組みに向けて、持続可能性を中核事業に統合し、ターゲットをあらゆる部門に組み込むことが根本的に重要であ

る」としています。ここではSDGsの持続可能な目標を長期の経営戦略に統合すべきことを述べています。企業のビジョンや使命、目的を明記した経営戦略を作成することが重要となります。そしてその戦略のもとですべての部門にSDGsの目標や持続可能性を組み込むことが必要であると述べています。

　ステップ5では、「各企業が企業のステークホルダーのニーズを把握してこれに応えるために、SDGsに関する進捗状況を定期的に報告しコミュニケーションを行うことが重要である」としています。企業はSDGsの取り組み状況について情報開示をしなければなりません。コンパスではGRIの基準しか示されていませんが、先に述べた様々なESG情報の基準にもとづいて情報開示すべきことが述べられています。そして報告書にもとづきステークホルダーとの対話を進めることをコンパスは求めています。

　コンパスは対話にとどまらずステークホルダーとの協働を求めていることも強調しておく必要があります。コンパスは「ステークホルダーの課題、利害、関心、期待等に十分配慮することは、SDGsにたいする各企業の影響を完全に把握する上で有効である」として「ステークホルダーからは、SDGsに関する事業機会を模索する上で役立つ情報やヒントも得ることができる」として対話の必要性を強調しています。ここでのステークホルダーの範囲は広く考えられていることも重要です。

　　「自らの見解を明確に表現できないステークホルダー（将来の世代、生態系など）の関心や懸念を理解するために特に努力することや、女性、子供、先住民族、移住労働者など、不利な立場に置かれたり、社会的に疎外されたりしている人々など、弱い立場に置かれたステークホルダーに対してしかるべき配慮をすることが不可欠である」

　コンパスが提起するステークホルダーには、弱い立場にあるステークホルダーだけでなく、未来に生まれる世代（将来の世代）や自然環境（生態系）までも含まれているのです。画期的なステークホルダー規定であるといわねばなりません。

　このようにコンパスを検討してみると、コンパスはSDGsへの協力を求める

うえで、企業にメリットを説きつつ、企業の変革を迫っていることを読み取ることができます。企業の変革には、SDGs 実現に向け必要な解決策や技術を主導して開発するというイノベーションの側面も含まれていますが、何より人権の尊重やステークホルダーの重視が重要なカギとなっているということができます。そうした変革をめざす先進的企業が生まれることをコンパスは期待しています。

　　「先進的企業が人間や地球に対する負の影響を最小化し正の影響を最大化することにより、持続可能な開発の推進にどのように寄与できるかを明示することを求めている。」

　このように、企業が「先進的企業」となり SDGs の実現に寄与することを要請しているのです。コンパスは、元国連事務総長アナンの言葉を借りれば「人間の顔をした」企業となることを求めているといわねばなりません。

（2）企業に求められる SDGs の取り組み

　SDGs への企業の取り組みはどのようなものであるべきかについて、これまで述べてきたことをまとめると次の図表 18 となります。

　企業の取り組みを支えるのは図の下部にある「SDGs 推進の基盤となる法・規制」です。「企業における人権の尊重」「気候変動への対策」「ステークホルダーのための経営」「ESG 情報の開示」の 4 つが重要な基盤を構成すると考えられます。いずれも相互に深く関連しており、こうした法や規制にもとづく経営が企業に求められます。

　そうした基盤に立って、SDGs の実現が図られなければなりません。労働・生産の場としての企業に求められる SDGs の目標やターゲットを例示したのが、図の中間の部分です。その場合、目標・ターゲットの間で対立することのない統合的な実現を図ることが必要であることはいうまでもありません。

　SDG コンパスが推奨する SDGs の経営戦略化は、そうした基盤と目標・ターゲットを前提に取り組むことを求めています。SDGs の経営戦略化は、企業の自発的で先進的な貢献を引き出すうえで重要な意義をもちます。SDGs は企業

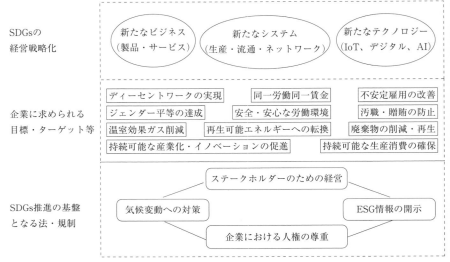

図表 18　企業に求められる SDGs の取り組み

SDGsの
経営戦略化

新たなビジネス（製品・サービス）　新たなシステム（生産・流通・ネットワーク）　新たなテクノロジー（IoT、デジタル、AI）

企業に求められる
目標・ターゲット等

ディーセントワークの実現　同一労働同一賃金　不安定雇用の改善
ジェンダー平等の達成　安全・安心な労働環境　汚職・贈賄の防止
温室効果ガス削減　再生可能エネルギーへの転換　廃棄物の削減・再生
持続可能な産業化・イノベーションの促進　持続可能な生産消費の確保

SDGs推進の基盤
となる法・規制

ステークホルダーのための経営
気候変動への対策　ESG情報の開示
企業における人権の尊重

（出所）筆者作成。

の協力なしには達成できず、持続可能な経済も実現しないからです。

　その場合、経営戦略化が、図の下部にある SDGs を支える法・規制や、中間にある SDGs の目標やターゲットと矛盾することなく行われることが必須であり、それが大前提とならなければなりません。SDGs の経営戦略化それ自体を批判する見解もありますが、コンパスの求めるような前提のもとに経営戦略化が進めば企業を先進的な企業に発展させることが可能となります。そうした点から経営戦略に SDGs を組み込むことを求めるべきであり、経営戦略化の意義を認めたうえで、経営戦略化の内容を分析し問題があれば是正させるという観点が必要でしょう。

　図表のような SDGs の取り組みが企業において行われることになれば、「企業の変革」は漸進的ですが進むと考えられます。また SDGs とともに株主資本主義からステークホルダー資本主義の転換が進めば、「経済の変革」をもたらし資本主義そのものの改革につながっていくことになるのではないでしょうか。

（3）SDGs 推進のための中小企業の役割

　「SDG コンパス」は主として大企業向けの指針ですが、SDGs の取り組みにおいて中小企業の役割も重要です[17]。大企業はビジネスチャンスのためのSDGs に熱心ですが、中小企業は SDGs の取り組みそのものに消極的です。エヌエヌ生命保険会社の 2021 年の調査によれば、SDGs に取り組んでいる中小企業は 7,228 社のうち 10.4％にすぎず、取り組む予定がある割合も含めて現時点では 9 割近い中小企業が取り組んでいません。取り組んでいない理由は次の**図表 19** の通りです。

　この図表にあるように「何をしていいかわからないから」が第 1 位の理由ですが、メリットが分かり、何をすればよいかが分かれば、中小企業の SDGs への取組みは飛躍的に拡大する可能性があると思われます。

　取り組んでいる企業についてはどうでしょうか。エヌエヌ生命保険会社の調査によれば[18]、SDGs に取り組むメリットは次の**図表 20** の通りです。

　図表からは、SDGs に取り組むことによって多様なメリットが得られることが見てとれます。「従業員のモチベーション向上」が第 1 位ですが、企業の内部が活性化することが中小企業にとって大きなメリットであることが分かります。第 2 位以下は企業が対外的に存在感を高めることができたことを示す回答が並びます。「企業価値の向上」「企業イメージの向上」「企業認知度の向上」はほぼ同じ内容の回答です。そしてその結果、実績につながったという回答として「利益の増加」「売上の増加」「新規取引の増加」が並びます。さらに「採用活動への好影響」「金融機関・投資家へ好影響」が続きます。

　中小企業が弱点とする、対外的なアピールや人材育成・人材採用、業績向上などについて、SDGs に取り組むことによって改善が図られる様子がこのアンケート結果に現れています。中小企業が社会的存在感を増し社会的な役割を果たしていくうえで、SDGs の取り組みが大きな力を発揮しているということが

---

17 小栗崇資「SDGs を中小商工業者はどう捉えるべきか」『中小商工業研究』第 151 号、2022 年 4 月。
18 エヌエヌ生命保険会社「全国の中小企業における SDGs への取り組みに関する調査」2021 年 12 月。

図表 19　SDGs に取り組んでいない理由

SDGsに関する施策に取り組んでいない理由はなんですか

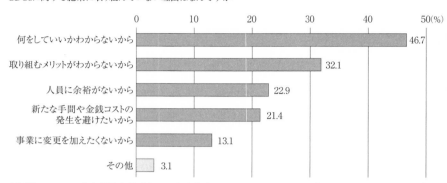

（出所）エヌエヌ生命保険会社「全国の中小企業における SDGs への取り組みに関する調査」2021 年 12 月。

図表 20　SDGs に取り組むメリット

「SDGs」に関する施策に取り組むメリットはなんですか
これまで得られたものについてあてはまるものすべてお答えください

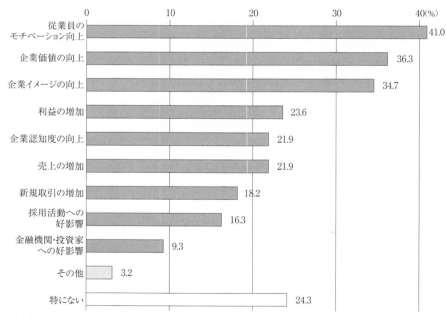

（出所）図表 19 と同じ。

できます。「SDG コンパス」の 5 つのステップを参考にして、可能なところから中小企業なりの経営戦略を立てて SDGs の取り組みに進むことが、中小企業の活性化につながるのではないでしょうか。

　中小企業が SDGs に取り組む意義は大きいと考えられます。企業には SDGs を通じて人権や環境に取り組む責任が求められますが、日本の大企業 5 千社（資本金 10 億円以上）が取り組む場合、それにかかわる従業員は 740 万人程度です。他方、日本の法人企業 292 万社の中で、資本金 1 億円未満の中小企業は 286 万社あり、従業員は 2700 万人にものぼります。

　中小企業が SDGs に取り組むようになれば、従業員 2700 万人が SDGs を理解し、それに向き合うことになります。また多くの中小企業は、地域における住民の仕事や生活、自然環境に密着する存在です。地域経済と切っても切れない立場にある中小企業が SDGs に取り組むようになれば、地域における SDGs の推進が図られることになります。それが地域における人権尊重や環境改善、まちづくりに計り知れない影響をもつことはいうまでもありません。

　中小企業には社会を支え社会を変えていく潜在的な可能性があります[19]。経済を支配する大企業は物象的な資本のシステムを構成し、それを担う経営者は政治的勢力とも結びついて経済的権力を築きあげています。本丸の大企業を変えていくことが資本主義社会を転換させていくことになるのですが、中小企業は必ずしも資本のシステムに組み込まれているわけではありません。中小企業経営者は資本家ではありますが、マルクスの個人事業主の分析に示されるように、労働者的資本家として労働者性も備えています。物象的な資本のシステムにからめとられておらず、生身の人間として労働者と共感する要素をもっています。

　中小企業経営者は労働者に寄り添った「民主的な経営者」に変わっていく可能性をもっています。そのことは、例えば、中小企業家同友会が「良い会社」「良い経営者」「良い経営環境」を目指す運動に取り組み成功を収めていることで証明されます。アメリカでも、中小企業のネットワークが NPO と結び

---

19 小栗崇資『小さな会社が日本を変える―実例で考える 21 世紀型企業像』中経出版、1992 年。

ついて「都市再生」に貢献する事例が生まれています[20]。

　中小企業は取り組み方次第で、社会に貢献し「まちづくり」を支え社会を変えていく能力をもっているのです。その意味で、SDGsにもっとも貢献することができるのは中小企業・中小商工業者であるといっても過言ではありません。

　SDGsについて調べた小学生の自由研究を読んだことがありますが、そこには自分たちができることの中に「SDGsの達成に向けてがんばっている企業を応援する」と書かれていました。子供たちから期待されるような中小企業・中小商工業者の取り組みが展開されることを望みたいと思います。

　以上、第6章、第7章において企業の変革の取り組みについて、株式会社制度、人権、環境、情報、会計、経営戦略などの個別テーマの面からオムニバス風に検討してきました。こうした取り組みが連携していくことが、トータルな企業の変革を生むと考えられます。企業の変革は社会の変革の中で要の位置にあります。

　2つの章では企業の変革や企業の規制をミクロな領域から検討してきましたが、さらにそれを進めるにはマクロな規制も必要となってきます。経済政策や産業政策、金融政策などによる企業のコントロールです。そこでは企業に対する直接規制と間接規制を駆使して、ミクロの領域の規制と結びつけていかねばなりません。資本の力を抑制し、企業の内外での民主主義な規範や制度を広げていくには、資本の力を維持し強めようとする経営者権力との闘いが必要となり、資本との対抗の中で改良・改革を追求していくことが求められます。企業におけるSDGs実現のためのマクロ・ミクロの取り組みは、そうした企業の変革の一翼を担う重要な運動となると考えられます。SDGsの取り組みにより企業の社会性・公共性を高めることを通じて、企業の変革、社会の変革を促進していくことが期待されます。

---

20 小栗崇資「中小企業支援で都市再生―ピッツバーグの再生と中小企業融資制度」『中小商工業研究』第70号、2002年参照。

終章　SDGs にどう取り組むか
―新たな革命のアプローチ―

1. SDGs を学ぶ

　SDGs に取り組むには、まず SDGs について学ぶことが必要です。第 1 章で述べたように SDGs だけでなく「2030 アジェンダ」についても併せて理解しなければなりません。SDGs をどう理解するかは取り組みの仕方にかかわってきます。SDGs は目標だけを定めたものなので、SDGs の取り組みは取り組む主体の認識とそれを具体化する能力によって大きく異なってきます。第 2 章で見たように、EU が「政府全体アプローチ」によって SDGs をすべての政策の中心に据えて全力で取り組む一方、日本は政府がおざなりの政策のもとで実際には SDGs の推進は企業まかせにしていることに、主体の認識と能力のレベルの差が現れています。

　SDGs は現代資本主義の諸問題の全体像を示す見取り図であり、現代資本主義の病巣についての処方箋と見ることができます。その病巣は地球環境から人間社会、経済にわたる全体に広がっているので、それをしっかりと正確に認識するにはかなりの学習が必要となります。SDGs の 17 の目標を理解するには社会科学だけでなく自然科学の知識も不可欠ですし、本書も含めて SDGs を解説した本も見てみなければなりません[1]。そうした学習を通じて私たちの世界認識を深めることが求められます。SDGs を様々な角度から十分に学習することによってはじめて、それぞれの分野においてどのように取り組むかを構想しその方向を定めることが可能となります。本書巻末に 17 の目標とターゲット（抜粋）を掲載しています。読みやすい訳にしてターゲットを要約してありますので、学習資料としてお使いください。

---

[1] 総合的な SDGs の学習を考えるうえで参考になるのは、桜井愛子・平体由美編著『社会科学からみる SDGs』小鳥遊書房、2022 年。

179

本書ではSDGsの学習によって、現代における「百科全書派」が育つのではないかと考えています。「百科全書派」とはフランス革命前夜に生まれた啓蒙思想を掲げる進歩的な人たちのことをいいます。「百科全書」は、ディドロ、ダランベールを編者としてモンテスキューやルソーなど184人の執筆者によって当時の自然と社会に関する知識を集大成したもので、1751年から72年にかけて本巻17巻が出版されました（併せて図版の巻11巻も出版）。「百科全書」は17巻を通じて、自然と社会の全般にわたり、当時の世界（主としてヨーロッパ）の問題にたいする科学的な知見を与え、進歩的・批判的な認識を育てました。「百科全書」による進歩的な知識の普及が1789年のフランス革命の下地を作ったとされています。「百科全書」が世界の諸問題についての科学的な知見を育てることになり、フランス革命へとつながる進歩的認識を生み出していったのです。

　SDGsを学ぶことは、自然と社会にまたがる現代世界の諸問題を変革という視点から認識することにつながります。SDGsの中で提起されたテーマを学んでいくことで、世界を知り、その処方箋を得ることになるはずです。それは当時の「百科全書」に相当するものと思われます。SDGsを学ぶことによって、世界の変革の必要性についての自覚や認識が生まれ普及していくことになります。そのことによって本書が述べてきたような社会変革や企業変革に取り組む人々が多数生まれるとすれば、そうした人たちを、フランス革命を準備した「百科全書派」にならって現代の「百科全書派」と呼ぶことができるのではないでしょうか。

　国連はSDGsに先行する形で、ユネスコを中心に教育の面で「持続可能な開発のための教育」（ESD：Education for Sustainable Development）を提起してきました[2]。2005年からESDの普及のための「ESDの10年」という取り組みを行い、14年からユネスコによってESDの後継プログラムも提起されています。そして2015年のSDGsにおいて「目標4．質の高い教育をみんなに」の中で、ESDへの取り組みがターゲット4.7に盛り込まれました。日本では以

2　北村友人・佐藤真久・佐藤学編著『SDGs時代の教育―すべての人に質の高い学びの機会を』学分社、2019年。

前から ESD の取り組みが行われてきましたが、さらに 2017 年、18 年の学習指導要領において前文を設け「持続可能な社会の創り手」の育成を掲げ、ESD を学習指導要領の基盤的な理念とする方向を示しました。そして 2020 年度から 22 年度にかけて小中高の学習指導要領が改訂され、SDGs に関する教育が組み込まれることになりました[3]。現在では、小中高において SDGs についての学習が組織され、SDGs についての知識は若い世代に広がっています。

その結果、若い世代と中高年において SDGs に関する認識の度合いが違ってきています。博報堂が 2021 年 1 月に 16 〜 69 歳の男女 4,125 名を対象に行った「生活者のサステナブル購買行動調査 2021」によると、SDGs について「内容までよく知っている」または「内容をある程度は知っている」と回答した人は、10 代（16 〜 19 歳）で 47.5%、20 代で 37.4% で、全体平均の 29.8% を上回っています。似た傾向は他社の調査結果でも見られ、若年層ほど SDGs の認知・理解が進んでいることが示されています。

また SDGs の認知が広まっているだけでなく、実際の行動にも変化の兆しがあります。同じ博報堂の調査では、「社会問題について自ら情報発信したり、社会をより良くするための活動に参加したりする人も若年層ほど多い」ことが現れています。別の調査では、サステナブルな取り組みに付加価値を感じて消費行動を選択・購入しているのは全体で 1 割にとどまりましたが、年代別でみると 10 代女性がサステナブルな消費行動に高い関心を示しており、56.4％にのぼっています。また、SDGs に取り組む企業の商品を選択・購入している人についても、男女ともに 10 代が一番多いという結果が出ています。

つまり、現在の 10 代や若い世代にとって、SDGs は受け売りではなく自ら意識するものになっているといえます。その影響は消費活動にとどまりません。博報堂の調査では「社会問題に積極的に取り組む企業に就職・転職する（したい）」人は、男性 10 〜 20 代・女性 10 代で約 4 割と、全体より 15 ポイント以上高くなっています。電通の調査では、企業が SDGs に積極的に取り組む姿勢を見せることで「社会からの信頼」を得られたり、「社員の会社への愛着」が湧いたり、「優秀な人材の確保」につながるという意見も出ています。

---

3 同上、37 ページ。

このように、ESD による SDGs についての教育を受けた世代は、今後の経済活動を大きく変えていくことが予想されます。SDGs を認識し取り組む若い世代が増えていくことは SDGs の推進に大きな力となります。SDGs の教育はそれ自体、表層的な知識の習得ではなく、自律的で批判的な思考力、共感力、行動力を育てる新しいアプローチを求めています。ユネスコは「持続可能な社会を創造するための、社会変容のための教育」が求められるとしています[4]。

　そうした点から見ると、日本の教育はなお旧来の伝達型の教育にとどまっていて、日本の ESD 教育は海外からは「さして進歩的ではない」という批判があるとされています。参加型・体験型の学びによって社会システムのあり方を批判的に考察し、変容の主体となることを促すような変容型の教育にしていかねばなりません[5]。

　とはいえ、SDGs の知識を身に付けた若い世代の中から SDGs の担い手が生まれてくることが予想されます。SDGs を推進する現代の「百科全書派」として若い世代が育ってくると思われますが、若い世代だけにまかせておくわけにはいきません。社会の中心となる現役世代、中・高年世代が何よりも SDGs について学習を深め、SDGs の取り組みを牽引していくことが求められます。

　2030 年までの SDGs ですが、新型コロナ感染やロシアのウクライナ侵攻等により取り組みが遅れているのが現状です。30 年までに目標を達成するのは容易ではありません。2030 年には 2050 年に向けたポスト SDGs が提起されることが予想されます。長期間にわたる SDGs およびポスト SDGs の取り組みが行われていくことでしょう。そうした長期の取り組みを支える担い手を育てていかねばなりません。まず私たちが SDGs を学ぶことから始めて社会変革の主体となり、変革の担い手を広げつつ次世代へとつなげていくことが必要となっています。長期の変革を支えるためには、SDGs の学習を広げて現代の「百科全書派」を形成し、社会変革を起こしていくことが求められます。

---

4 同上、38 ページ。
5 同上、39 ページ。

2．政府・自治体の政策を変える

　SDGs について学べば学ぶほど、SDGs の取り組みなしには現代資本主義の諸問題を解決できないという認識に達するはずです。またその中で SDGs の弱点も分かってくるので、そうした弱点や問題点を克服していくことの必要も知ることになります。そして SDGs の取り組みを日本で本格的に進めていくことの重要性に気づくのではないでしょうか。

　本書で検討してきたように、SDGs を個人の行動変容にゆだねたり、企業のビジネスチャンス志向の SDGs の取り組みにまかせたりしておくわけにはいきません。何よりも政府の取り組みが重要な柱となります。それは EU の「政府全体アプローチ」のように、政府のすべての政策の中心に SDGs を据え、司令塔のコントロールのもとに予算と権限を付け目標を明確にした施策として進めていくことが何よりも求められます。

　日本の SDGs は政策の態をなしておらず、SDGs を司令塔も体系的な目標もないままの表面的な取り組みにしています。また多くを規制力のない協力要請の形で進めており、その取り組みを企業や個人まかせにしています。このままでは日本の SDGs は SDGs ウォッシュ（もどき）、ニセモノの SDGs になりかねません。2030 年が次第に近づき、その後継のポスト SDGs へと進んで行く中で、本格的に SDGs に取り組む国と消極的な取り組みでごまかす国とが明確になっていくことでしょう。それは環境・社会・経済の全般にわたる政策の相違となって現れてきます。そして積極的に取り組む国と消極的な国との違いが、国力や経済力、民主主義の力、幸福度の差となって現れてくるのではないでしょうか。

　本書では様々なレベルでの社会変革、特に企業における多面的な変革が重要であることを述べてきましたが、そうした取り組みは政府の政策や法律、規制なしには効果を上げることができません。政府に対して「SDGs 社会」「脱炭素社会」をめざすよう要求し、全面的に SDGs に取り組むよう迫っていかなければなりません。

　それと同じように自治体にも SDGs への本格的な取り組みを求めていかなければなりません。本書では紙幅の関係で自治体での SDGs について論じること

ができませんでしたが、自治体での取り組みも「SDGs社会」「脱炭素社会」
の実現の大きな柱です。まず私たちの住む自治体から変えていくことが重要に
なっています。

　ヨーロッパの経験では、自治体においてSDGsの先進的な取り組みが各地に
生まれています。先にオランダのアムステルダム市を紹介しましたが、ドイツ
のフライブルグ市も「ドイツでもっとも持続可能なまち」として有名です[6]。
そのSDGs先進都市としての取り組みの特徴は、行政主体ではなく市民主体で
あるという点です。SDGsの17の目標に関して22の取り組みが行われていま
すが、行政（第3セクター）が取り組むのは3つだけで他はすべて市民主体の
取り組みとなっています。そのために行政も市民を主役にする仕組みを作って
います。

　2017年にフライブルグ市の「持続可能性目標」を定め、市民団体や大学・
研究機関、経済団体の代表40名による「サステナビリティ評議会」を作り、
議会と連携してSDGsの取り組みを推進しています。行政の側でも「サステナ
ビリティ管理部門」を置き、評議会のSDGs推進を支える体制を作っていま
す[7]。そうした仕組みのもとで、市民の主導で貧困地区の再開発を行ったり、
車に依存しないまちづくり、森や川の環境保護などに取り組んでいます。

　興味深いのは、市民が一部出資をする「市民共同発電所」を設立し、再生可
能エネルギーの発電を市の各所で取り組んでいることです[8]。エネルギーの地
産地消を進めると同時に、生まれた収益を市民の合意でさらなる再エネの拡大
につなげる先進的な取り組みです。ある中高一貫校では、学校内に保護者や卒
業生の出資で太陽光発電会社を設立し、生徒たちが会社運営を行うというユ
ニークな取り組みも生まれ教育面での効果も上がっています。「SDGs先進都
市フライブルグ」などの世界の先進事例に学んで、日本でも市民主体のSDGs
にもとづくまちづくりを進めていかねばなりません。

6 中口毅博・熊崎実佳『SDGs先進都市フライブルグ』学芸出版社、2019年。
7 同上、82ページ。
8 同上、82ページ。

3．企業や団体の取り組みを変える

　政府や自治体に SDGs を進める政策や体制を要請する一方で、私たちはどのように SDGs に取り組んでいけばよいのでしょうか。本書の中でいろいろ指摘してきましたので、SDGs の学習を深めつつ自分たちの取り組みを構想していただきたいのですが、労働運動や社会運動では、SDGs の取り組みはまだ十分ではありません。これまでの運動とは勝手が違う点が多いことや、つかみどころのない目標であることにも原因があります。

　SDGs は目標だけの取り組みなので、目標のどれに焦点を合わせるか、どのようなやり方で目標の実現に取り組むかは、運動主体の判断や意欲、姿勢、アイデア次第です。敵がいてそれに対抗するというスタイルとは異なるので、自分たちで問題設定をしてその解決に取り組むという新しいスタイルを開発していかねばなりません。そのためには様々な運動体の間で取り組みについてコミュニケーションをとり、先進的な取り組み事例を学び合うことも必要となってきます。SDGs は 2030 年までの長期の取り組みですが、その後もポスト SDGs の取り組みは続くと考えられます。長期に腰を据えて取り組むつもりで、知恵を絞っていかねばなりません。ここでは筆者のアイデアを列挙しておきますので、参考にしていただければと思います。

（1）運動と SDGs の結合について

・これまでの労働運動や社会運動の取り組みの多くは SDGs の課題と重なるものであるので、SDGs のどの部分を取り組んできたかを認識する。そして自分たちの取り組みや成果を見直し、SDGs 全体の中であらためて自分たちの運動を位置づける。

・自分たちの取り組みを中心としつつ、SDGs の実現を掲げ運動の大きな目標にしていく。SDGs としての取り組みを広げるために他の運動とも連携していくことを目指す。

・SDGs を運動の戦略の中心の 1 つに置き、自分たちにとっての SDGs の課題や目標を据えて、SDGs を担う主体となる方向を目指す。そのためには長期戦略や問題の解決のための「処方箋」を作ることが必要となる。

（２）人権について

・SDGs の基礎は人権と環境の取り組みであるので、人権尊重のコミットメント（公約）を企業や団体に出させ、公表させるようにする。個々の企業・団体だけでなく、サプライチェーン上の関連企業等にも人権尊重の範囲を広げたものにする。人権尊重を抽象的・一般的なものではなく、職場でのいじめやハラスメントの防止、ジェンダー差別、LGBT 差別、賃金差別などへの対応、技能実習生への人権侵害の対処などについて具体的な方針を明らかにさせる。

・人権尊重を保障するために企業や団体に人権デューデリジェンスの方針を作らせ人権リスクが生じないような体制を作らせる。

（３）労働者・労働組合について

・一番重要なステークホルダーの１つは労働者であるので、人権尊重と重なるが、労働条件や労働環境を改善し、労働組合の活動を保障するなど労働者の権利の尊重を明らかにさせる。特にディーセントワークの推進、同一労働同一賃金の実現、ワークライフバランスの改善などについて方針を作るようにさせ、実現を図るようにする。

・労働者の意見を経営に反映し参加する仕組みを作らせる。イギリスのように、従業員代表を取締役に入れる、従業員との対話を行う会議を設立する、従業員の声を聞く役割の取締役を置くなどの措置を要求していく。

・労働者の能力を高めるための教育や訓練など、リスキリング、リカレントなどの学ぶ権利を保障させ必要な体制をとらせる。

（４）環境について

・企業や団体としてのエネルギー政策や循環型経済への政策を作らせる。エネルギー政策では、企業や団体の使用するエネルギーを再生可能エネルギーに転換する方向を計画・目標・数値について策定させる。大企業の場合は「RE100」への参加、中小企業や自治体、その他の団体については「RE Action」への参加を求める。「RE Action」には、自治体や大学等も参加し始めており、まちづくりや教育においても生かすような取り組みにさせる。

・循環型経済への政策では、サーキュラー・エコノミーの３つの原則を企業や

団体の状況に応じて具体化させる。「第1の原則：自然サイクルの再生」では企業・団体の置かれた自然環境の保全、「第2の原則：廃棄物と汚染を出さない設計・デザイン」では、製品や商品の全体的な見直し、「第3の原則：製品と資源を使い続けること」では消費者の「修理をする権利」を保障するなどの対策について検討を行わせる。

（5）情報開示について

・ESG 情報の開示を行わせ、企業や団体の環境・社会・経済・ガバナンスに関する姿勢を社会に公表させる。開示した情報については企業や団体の労働者・従業員・職員に対しても説明を求め、情報内容について対話を進めるようにさせる。

・企業外部の NPO や市民団体などとも ESG 情報について求めに応じて説明をさせ、そうしたコミュニティ団体との対話・コミュニケーションを図るようにする。

（6）経営戦略について

・企業や団体に SDGs を組み込んだ経営戦略や経営方針、経営理念を作成させる。そこでの SDGs の取り組みが適切なものであるかどうかについて労働者や職員の側から検討を行い、より良いものにすることを求める。

・各部署や各部門でも SDGs が組み込まれているかを明確にさせる。SDGs の取り組みは参加型となることで実現性が高まるので、意見が反映するような運営を求める。

・労働者・従業員・職員としても SDGs を企業や団体において進めていくための努力や貢献をしていく。SDGs の視点から企業や団体の問題点を洗い出し、改善の提案を行い解決を迫っていく。

4．新たな民主主義革命としての SDGs

　SDGs は資本主義の改善策の側面をもっていますが、SDGs の推進は取り組み方と主体の力量次第で変革的なものとなることを本書の中で明らかにしてき

ました。改善策とはいえ、SDGsは現代資本主義の深刻な諸問題の処方箋として「世界の変革」をめざすものであり、単なるチェンジではなくトランスフォームという革命的な性質をもっていることも論じてきました。そしてSDGsは「アヘン」ではないことも本書では明らかにしてきました。SDGsは国連による呼びかけではありますが、「変革」を提起せざるをえないところまで現代資本主義が至っているということでもあります。

　しかしその変革は「社会主義・共産主義」をめざすものではなく、あくまで資本主義の改革を追求するものです。資本主義の枠を超えるものではないことから、SDGsを気候変動や格差の根本的解決から目をそらすものであるかのようにとらえる見解も生まれていますが、何のプロセスや媒介もなしに、未来社会にただちに移行するということは考えられません。長期の運動の先に未来社会が生まれるとしても、現在は人類を破滅させかねない資本主義を改革していくことが最重要の課題となります。

　それは本書で検討してきたような資本主義を変革していく革命であり、その革命は資本主義を大きく転換させる民主主義革命です。資本主義を超えるものではありませんが、その性質を改革することで社会性・公共性をもつ資本主義へと転換していく革命です。それを「新たな民主主義革命」と呼ぶことができます。SDGsだけ取り組めば良いということではありませんが、SDGsは「新たな民主主義革命」をもたらす重要な契機となるものです。新たな革命のアプローチを提供するのがSDGsであるということができます。

　その変革はこれまでの政治革命を主とするものから、自然環境を回復させ、それを通じて人間そのものを再生・回復させ、社会の中の疎外を克服し、資本の自己否定を促進するトータルな革命へと拡大していきます。それは社会革命であり環境革命であり生活革命、意識革命であるということができます。資本のシステムを変えていくという点で、資本の自己否定を通じて、遠い将来には資本主義を超える未来社会へと至ると思われますが、まだその未来像は明確ではありません。それまでの間、私たちは資本主義を長期にわたり変革し続けなければなりません。その過程は、「新たな民主主義革命」であるといわねばなりません。

　SDGsは2030年までの目標ですが、新型コロナの感染爆発、ロシアによる

ウクライナ侵攻という逆行的な事象により、SDGs の実現は困難な状況となっています。恐らく 2030 年以降のポスト SDGs が必要となってきます。しかし、それは現在の SDGs をよりバージョンアップした取り組みとなることが予想されます。これから私たちは SDGs、ポスト SDGs の連続した世界変革の取り組みを行っていくことになるでしょう。数十年にわたる壮大な取り組みであることは間違いありません。

　本書が検討してきたように、そうした変革についてマルクスの理論によってはじめてその全体像を理解することができるといわねばなりません。またその過程で進む社会変革、企業変革は、マルクスの予見が現実化していくものであることも本書で解明してきました。そうした点で SDGs による変革は世界史の大きな転換を画するものとなるのではないでしょうか。本書が今後の長期にわたる SDGs の取り組みの一助となり、「新たな民主主義革命」の展開への橋渡しとなることを願うものです。

＜学習資料＞ SDGs 17 の目標とターゲット

　（翻訳は、蟹江憲史『SDGs（持続可能な開発目標）』中公新書の新訳をもとに筆者が作成したものです。読みやすくするために、ターゲットについては日本にかかわる項目を抜粋し要約しています。）

目標 1. あらゆる場所であらゆる形態の貧困を終わらせる

・あらゆる面で貧困状態にある全年齢の男女・子どもの割合を半減させる。
・すべての人々に適切な社会保護制度や対策を実施し、貧困層への十分な保護を達成する。
・貧困層や弱い立場にある人々が、経済的資源に対する平等の権利をもてるようにする。
・貧困層のレジリエンス（回復力）を高め、経済、社会、環境的な打撃や災難に見舞われたり被害を受けたりする危険度を小さくする。

目標 2. 飢餓を終わらせ、食料の安定確保と栄養状態の改善を実現し、持続可能な農業を促進する

・飢餓をなくし、すべての人々、特に貧困層や弱い立場にある人々が安全で栄養のある十分な食料を得られるようにする。
・あらゆる形態の栄養不良を解消し、成長期の女子、妊婦・授乳婦、高齢者の栄養ニーズに対処する。
・土地、その他の生産資源や投入財、知識、金融サービス、市場、高付加価値化への平等なアクセスを可能とすることによって、小規模食料生産者、特に女性や先住民、家族経営の農家・牧畜家・漁業者の生産性と所得を倍増させる。
・着実に土地と土壌の質を改善するような、持続可能な食料生産システムを確立し、レジリエント（強靭）な農業を実践する。

目標 3. あらゆる年齢のすべての人々の健康的な生活を確実にし、福祉を推進する

- エイズ、結核、マラリア、熱帯病といった感染症を根絶し、肝炎、水系感染症、その他の感染症に立ち向かう。
- 非感染性疾患による若年層の死亡率を予防や治療により3分の1減らし、心の健康と福祉を推進する。
- 麻薬・薬物乱用や有害なアルコール摂取の防止や治療を強化する。
- 世界の道路交通事故による死傷者の数を半分に減らす。
- 家族計画や情報・教育を含む性と生殖に関する保健サービスをすべての人々が利用できるようにし、性と生殖に関する健康を国家戦略・計画に組み入れる。
- すべての人々が、経済的リスクに対する保護や質が高く不可欠な保健サービス、安全・効果的で質の高い安価な必須医薬品やワクチンを利用できるような、ユニバーサル・ヘルス・カバレッジ（UHC）を達成する。
- 有害化学物質や大気・水質・土壌の汚染による死亡や疾病の数を大幅に減らす。

目標 4. すべての人々に、だれもが受けられる公平で質の高い教育を提供し、生涯学習の機会を促進する

- すべての少年・少女が、適切で効果的な学習成果をもたらす、無償かつ公正で質の高い初等教育・中等教育を修了できるようにする。
- すべての少年・少女が、初等教育を受ける準備が整うよう、乳幼児向けの質の高い発達支援やケア、就学前教育を受けられるようにする。
- すべての女性と男性が、手頃な価格で質の高い技術教育や職業教育、大学を含む高等教育を平等に受けられるようにする。
- 就職や働きがいのある人間らしい仕事、起業に必要な技術的・職業的スキルなどの技能をもつ若者と成人の数を大幅に増やす。
- 教育におけるジェンダー格差をなくし、障害者、先住民、弱い立場にある子どもなど、社会的弱者があらゆるレベルの教育や職業訓練を平等に受けられるようにする。

・すべての学習者が、持続可能な開発のための教育と、持続可能なライフスタイル、人権、ジェンダー平等、平和と非暴力的文化、グローバル・シチズンシップ、文化多様性、持続可能な開発への文化の貢献、などの教育を通して、持続可能な開発を促進するために必要な知識とスキルを習得できるようにする。

目標5．ジェンダー平等を達成し、すべての女性・少女のエンパワーメントを行う

・あらゆる場所で、すべての女性・少女に対するあらゆる形態の差別をなくす。

・人身売買や性的・その他の搾取を含め、公的・私的な場で、すべての女性・少女に対するあらゆる形態の暴力をなくす。

・公共サービス、インフラ、社会保障政策の提供や世帯・家族内での責任分担を通じて、無報酬の育児・介護や家事労働を認識し評価する。

・政治、経済、公共の場でのあらゆるレベルの意思決定において、完全で効果的な女性の参画と平等なリーダーシップの機会を確保する。

目標6．すべての人々が水と衛生施設を利用できるようにし、持続可能な水・衛生管理を確実にする

・すべての人々が等しく、安全で入手可能な価格の飲料水を利用できるようにする。

・すべての人々が、適切・公平に下水施設・衛生施設を利用できるようにし、屋外での排泄をなくす。

・汚染を減らし、投棄をなくし、有害な化学物質や危険物の放出を最小化し、未処理の排水の割合を半減させ、再生利用と安全な再利用を大幅に増やすことにより、水質を改善する。

・水不足に対処し、水不足の影響を受ける人々の数を大幅に減らすために、あらゆるセクターで水の利用効率を大幅に改善し、淡水の持続可能な採取・供給を確実にする。

・山地、森林、湿地、河川、帯水層、湖沼を含めて、水系生態系の保護・回復を行う。

目標 7. すべての人々が、安価で信頼性の高い持続可能で現代的なエネルギーを利用できるようにする

・安価で信頼できる現代的なエネルギーサービスをすべての人々が利用できるようにする。

・世界のエネルギーミックスにおける再生可能エネルギーの割合を大幅に増やす。

・世界全体のエネルギー効率の改善率を倍増させる。

目標 8. すべての人々にとって、持続的でだれも排除しない持続可能な経済成長、完全かつ生産的な雇用、働きがいのある人間らしい仕事（ディーセント・ワーク）を促進する

・高付加価値セクターや労働集約型セクターに重点を置くことなどにより、多様化や技術向上、イノベーションを通じて、より高いレベルの経済生産性を達成する。

・生産的な活動、働きがいのある人間らしい仕事の創出、起業家精神、創造性やイノベーションを支援する開発重視型の政策を促進し、金融サービスの利用などを通じて中小零細企業の設立や成長を促す。

・消費と生産における資源効率を着実に改善し、経済成長が環境悪化につながらないようにする。

・若者や障害者を含むすべての女性と男性にとって、完全かつ生産的な雇用と働きがいのある人間らしい仕事（ディーセント・ワーク）を実現し、同一労働同一賃金を達成する。

・就労、就学、職業訓練のいずれも行っていない若者の割合を大幅に減らす。

・強制労働を完全になくし、現代的奴隷制と人身売買を終わらせ、子ども兵士の募集・利用を含めた、最悪の形態の児童労働を確実に禁止・撤廃するための効果的な措置をただちに実施し、あらゆる形態の児童労働をなくす。

・移住労働者、特に女性の移住労働者や不安定な雇用状態にある人々を含め、すべての労働者の労働基本権を保護し安全・安心な労働環境を促進する。

・雇用創出や各地の文化振興・産品販促につながる、持続可能な観光業を推進する政策を立案し実施する。

目標 9. 強靱（レジリエント）なインフラを構築し、だれもが参画できる持続可能な産業化を促進し、イノベーションを推進する

・経済発展と人間の幸福をサポートするために、すべての人々が容易かつ公平に利用できることに重点を置いた、質が高く信頼性があり持続可能で強靱（レジリエント）なインフラを開発する。

・だれもが参画できる持続可能な産業化を促進し、雇用や GDP に占める産業セクターの割合を大幅に増やす。

・インフラを改良し持続可能な産業につくり変える。そのために、資源利用効率の向上とクリーンで環境に配慮した技術・産業プロセスの導入を拡大する。

・科学研究を強化し、産業セクターの技術能力を向上させる。そのために、イノベーションを促進し、100 万人当たりの研究開発従事者の数を大幅に増やし、官民による研究開発費を増加する。

目標 10. 国内および各国間の不平等を減らす

・所得下位 40% の人々の所得の伸び率を、国内平均を上回る数値で着実に達成し維持する。

・年齢、性別、障害、人種、民族、出自、宗教、経済的地位やその他の状況にかかわらず、すべての人々に社会的、経済的、政治的に排除されることなく参画できる力を与え、その参画を推進する。

・差別的な法律、政策、慣行を撤廃し、関連する適切な立法や政策、行動を推進することによって、機会均等を確実にし、結果の不平等を減らす。

・財政、賃金、社会保障政策をはじめとする政策を重点的に導入し、平等の拡大を着実に達成する。

・世界の金融市場と金融機関に対する規制とモニタリングを改善し、こうした規制の実施を強化する。

・より効果的で信頼でき、説明責任のある正当な制度を実現するために、地球規模の経済・金融に関する国際機関での意思決定における開発途上国の参加や発言力を強める。

・計画的でよく管理された移住政策の実施などにより、秩序のとれた、安全か

つ正規の、責任ある移住や人の移動を促進する。

目標 11. 都市や人間の居住地をだれも排除せず、安全かつ強靱（レジリエント）で持続可能なものにする

・すべての人々が、適切で安全・安価な住宅と基本的サービスを確実に利用できるようにし、スラムを改善する。
・弱い立場にある人々、女性、子ども、障害者、高齢者のニーズに特に配慮しながら、公共交通機関の拡大によって交通の安全性を改善して、すべての人々が、安全で手ごろな価格の、使いやすく持続可能な輸送システムを利用できるようにする。
・だれも排除しない持続可能な都市化を進め、参加型で差別のない持続可能な人間居住を計画・管理する能力を強化する。
・世界の文化遺産・自然遺産を保護・保全する取り組みを強化する。
・貧困層や弱い立場にある人々の保護に焦点をあてながら、水関連災害を含め、災害による死者や被災者の数を大幅に削減し、世界の GDP 比における直接的経済損失を大幅に縮小する。
・大気環境や、自治体による廃棄物の管理に特に注意を払うことで、都市の 1 人当たりの環境上の悪影響を小さくする。
・すべての人々、特に女性、子ども、高齢者、障害者などが、安全でだれもが使いやすい緑地や公共スペースを利用できるようにする。

目標 12. 持続可能な生産・消費形態を確実にする

・天然資源の持続可能な管理と効率的な利用を実現する。
・小売・消費レベルにおける世界全体の 1 人当たりの食品廃棄を半分にし、収穫後の損失を含めて生産・サプライチェーンにおける食品ロスを減らす。
・合意された国際的な枠組みに従い、製品ライフサイクル全体を通して、化学物質や廃棄物の環境に配慮した管理を実現し、人の健康や環境への悪影響を最小限に抑えるため、大気、水、土壌への化学物資や廃棄物の放出を大幅に減らす。
・廃棄物の発生を、予防、削減（リデュース）、再生利用（リサイクル）、再利

用（リユース）により大幅に減らす。

・特に大企業や多国籍企業に対し、持続可能な取り組みを導入し、持続可能性に関する情報を定期報告に盛り込むよう促す。

・国内の政策や優先事項に従って、持続可能な公共調達の取り組みを促進する。

・人々があらゆる場所で、持続可能な開発や自然と調和したライフスタイルのために、適切な情報が得られ意識がもてるようにする。

目標 13. 気候変動とその影響に立ち向かうため緊急対策を実施する*

・すべての国々において、気候関連の災害や自然災害に対する強靱性（レジリエンス）と適応力を強化する。

・気候変動対策を、国の政策や戦略、計画に統合する。

・気候変動の緩和策と適応策、影響の軽減、早期警戒に関する教育、啓発、人的能力、組織の対応能力を改善する。

　　*国連気候変動枠組条約（UNFCCC）が、気候変動への世界的な対応について交渉を行う最優先の国際的政府間対話の場であると認識している。

目標 14. 持続可能な開発のために、海洋や海洋資源を保全し持続可能な形で利用する

・海洋堆積物や富栄養化を含め、特に陸上活動からの汚染による、あらゆる種類の海洋汚染を防ぎ大幅に減らす。

・重大な悪影響を回避するため、レジリエンスの強化などによって海洋・沿岸の生態系を持続的な形で管理・保護する。また、健全で豊かな海洋を実現するため、生態系の回復に向けた取り組みを行う。

・あらゆるレベルでの科学的協力を強化するなどして、海洋酸性化の影響を最小限に抑え、その影響に対処する。

・水産資源を、実現可能な最短期間で少なくとも各資源の生物学的特性によって定められる最大持続生産量のレベルまで回復させる。そのために、漁獲を効果的に規制し科学的な管理計画を実施する。

・国内法や国際法に従い、最大限入手可能な科学情報にもとづいて、少なくとも沿岸域・海域の 10 パーセントを保全する。

目標 15. 陸の生態系を保護・回復するとともに持続可能な利用を推進し、持続可能な森林管理を行い、砂漠化を食い止め、土地劣化を阻止・回復し、生物多様性の損失を止める

・国際合意にもとづく義務により、陸域・内陸淡水生態系とその恩恵をもたらす機能、特に森林、湿地、山地、乾燥地の保全と回復、持続可能な利用を確実にする。

・あらゆる種類の森林の持続可能な経営の実施を促進し、森林減少を止め、劣化した森林を回復させ、世界全体で新規植林と再植林を大幅に増やす。

・砂漠化を食い止め、砂漠化や干ばつ、洪水の影響を受けた土地を含む劣化した土地と土壌を回復させ、土地劣化を引き起こさない世界の実現に尽力する。

・持続可能な開発に不可欠な恩恵をもたらす能力を高めるため、生物多様性を含む山岳生態系の保全を確実に行う。

・自然生息地の劣化を抑え、生物多様性の損失を止め、絶滅危惧種を保護して絶滅を防ぐため、緊急かつ有効な対策を取る。

・国際合意にもとづき、遺伝資源の利用から生じる利益の公正・公平な配分を促進し、遺伝資源を取得する適切な機会を得られるようにする。

・保護の対象となっている動植物種の密猟や違法取引をなくすための緊急対策を実施し、違法な野生生物製品の需要と供給の両方に対処する。

・外来種の侵入を防ぐとともに、これらの外来種が陸や海の生態系に及ぼす影響を大幅に減らすための対策を導入し、さらに優占種の制御または一掃を行う。

・生態系と生物多様性の価値を、国や地方の計画策定、開発プロセス、貧困削減のための戦略や会計に組み込む。

目標 16. 持続可能な開発のための平和でだれをも受け入れる社会を促進し、すべての人々が司法を利用できるようにし、あらゆるレベルにおいて効果的で説明責任があり、だれも排除しない仕組みを構築する

・あらゆる場所で、あらゆる形態の暴力と暴力に関連する死亡率を大幅に減らす。

・子どもに対する虐待、搾取、人身売買、あらゆる形態の暴力や拷問をなくす。

- 国および国際的なレベルでの法の支配を促進し、すべての人々が平等に司法を利用できるようにする。
- 違法な資金の流れや武器の取引を大幅に減らし、奪われた財産の回収や返還を強化し、あらゆる形態の組織犯罪を根絶する。
- あらゆる形態の汚職や贈賄を大幅に減らす。
- あらゆるレベルにおいて、効果的で説明責任があり透明性の高い仕組みを構築する。
- あらゆるレベルにおいて、対応が迅速でだれも排除しない、参加型で代議制的な意思決定を保障する。
- グローバル・ガバナンスの仕組みへの開発途上国の参加を拡大・強化する。
- すべての人々に出生登録を含む法的な身分証明を提供する。
- 国内法規や国際協定に従い、だれもが情報を利用できるようにし、基本的自由を保障する。

目標 17. 実施手段を強化し、「持続可能な開発のためのグローバル・パートナーシップ」を活性化する

資金
- 開発途上国の長期的な債務の持続可能性の実現を支援し、債務リスクを軽減するために重債務貧困国の対外債務に対処する。
- 後発開発途上国のための投資促進枠組みを導入・実施する。

技術
- 科学技術イノベーションに関する南北協力や南南協力、地域的・国際的な三角協力、および科学技術イノベーションへのアクセスを強化する。
- 譲許的・特恵的条件を含め、相互に合意した有利な条件のもとで、開発途上国に対し、環境に配慮した技術の開発、移転、普及、拡散を促進する。

能力構築
- 持続可能な開発目標をすべて実施するための国家計画を支援するために、南北協力、南南協力、三角協力などを通じて、開発途上国における効果的で対象をしぼった能力構築の実施に対する国際的な支援を強化する。

貿易

・世界貿易機関（WTO）のもと、普遍的でルールにもとづいた、オープンで差別的でない、公平な多角的貿易体制を推進する。

・世界の輸出に占める後発開発途上国のシェアを倍増することを特に視野に入れて、開発途上国の輸出を大幅に増やす。

システム上の課題

政策・制度的整合性

・政策協調や首尾一貫した政策などを通じて、世界的なマクロ経済の安定性を高める。

・持続可能な開発のための政策の一貫性を強める。

マルチステークホルダー・パートナーシップ

・すべての国々、特に開発途上国において、持続可能な開発目標の達成を支援するために、知識、専門的知見、技術、資金源を動員・共有するマルチステークホルダー・パートナーシップによって補完される、「持続可能な開発のためのグローバル・パートナーシップ」を強化する。

・さまざまなパートナーシップの経験や資源戦略にもとづき、効果的な公的、官民、市民社会のパートナーシップを奨励し推進する。

データ、モニタリング、説明責任

・持続可能な開発の進捗状況を測る、GDPを補完する尺度の開発に向けた既存の取り組みをさらに強化し、開発途上国における統計に関する能力構築を支援する。

【著者紹介】

小栗崇資（おぐり・たかし）

【略歴】

1973年中央大学法学部卒業。1988年明治大学大学院商学研究科博士後期課程修了、博士（商学）。1988年鹿児島経済大学専任講師、1991年日本福祉大学助教授、教授を経て、2000年より駒澤大学経済学部教授。経済学部長、経理研究所長を歴任。会計理論学会会長、日本会計史学会会長などを務める。現在、駒澤大学名誉教授、駒澤大学経理研究所講師、NPO法人ふれあいの家—おばちゃんち副代表理事。

【主な著作】

『アメリカ連結会計生成史論』日本経済評論社、2002年（日本会計史学会賞）。
『内部留保の経営分析―過剰蓄積の実態と活用』（共編著）学習の友社、2010年。
『株式会社会計の基本構造』中央経済社、2014年（会計理論学会賞）。
『内部留保の研究』（共編著）唯学書房、2015年。
『多国籍企業・グローバル企業と日本経済』（共編著）、新日本出版社、2019年。
『会計のオルタナティブ―資本主義の転換に向けて』（共編著）、中央経済社、2022年。

社会・企業の変革と SDGs ―マルクスの視点から考える―
著者　小栗崇資

2023年2月25日　初版第一刷　発行
定価はカバーに表示

発行所　学習の友社
〒113-0034　文京区湯島2-4-4
電話　03（5842）5641
fax　03（5842）5645
振替　00100-6-179157

印刷所　モリモト印刷

ISBN978-4-7617-0742-2 C0036 ¥1800E